とろふわ筋トレ
美女ヂカラ

監修：玉置達彦

絵：ねこまき（にゃんとまた旅）

休日のとあるカフェ
恋愛に浪費している時間はもうないわ
最近フラれた
彼と3年目でマンネリ
私も自然消滅かも
イイ人いないかなー
鈴木奈央（26歳）
恋多き女
美容情報に敏感
佐藤あゆみ（32歳）
ずぼら不調OL
田中広美（41歳）
2児の母
中年体型に悩み
でも脱げないか…
くびれなし!!
ポッコリ
ビッグヒップ!!
ははは…
うんうん～
じぃ～
そういえば鈴木さん最近痩せた？
肌もツヤツヤしてるし
ムムッ
じゃーん
身体は裏切りませんから
#宅トレ
マ…マジか…
うわ～美しい～

あっ
そろそろ
お先ですー
えっ!?
どこ行くの!?
男!?
ガタッ
実は先月から…
パーソナル
トレーナーを
つけてて
田中みな実さんも
週2で通う…
何それー!!
ついて行く!!
押さないでっ
ムリッ
ちーん
サッ
大丈夫ですか?
こんにちはー
ハイ〜♡
会社の先輩です
ついて行くってきかなくて。
めっちゃイケメン!

chapter 1
とろふわ筋トレ

chapter 2

不調改善ストレッチ

chapter 3
筋肉を育てる食事

chapter 4
キレイが続く美習慣

CHARACTER キャラ紹介

鈴木奈央（26）

恋多き女。美容情報に敏感で憧れは田中みな実。メリハリのない体、猫背が悩み。

佐藤あゆみ（32）

めんどくさいが口癖で、美容はサボりがち。食べるのが大好きなぽっちゃり体型。

田中広美（42）

２児の母。中年体型に悩みつつ、仕事と育児に追われて自分のことはいつも後回しに。

吉田明美（54）

美魔女。美容の講師として日本中を飛び回って活躍中。最近はテレビ出演も。

玉置達彦（29）

田中みな実や押切もえなどの有名人の顧客多数、人気のパーソナルトレーナー。

chapter

1

とろふわ筋トレ

ここに通う人はこんな悩みを抱える人が多いですね
パーソナルトレーニングをはじめるきっかけ
□姿勢をよくしたい
□二の腕の脂肪がついてきた
□お腹が気になる
□お尻が垂れてきた
□足を細くしたい
玉置達彦（29歳）
田中みな実や押切もえなど
有名人の顧客多数、
人気のパーソナルトレーナー
すべて当てはまるわ
私も…
うん
私は垂れ尻が気になって通いはじめたけど
憧れの田中みな実さんも「日本人っぽいお尻が嫌だったから」って
筋力が弱まると脂肪がついて大きくなり重力に負けてくるんです
お尻の筋肉が衰えると形が変わる
①お尻下部がたわむ
②頂点が下がる四角いお尻
③股関節付近がそげる
お尻からはじめる人が多いんですか？
基本的にトレーニングは大きい筋肉から鍛えたほうがいいです
体のコアが安定しないと上下にいってもダメなんです
効率よく鍛える順番
❶お尻・腰
❷ウエスト（横）
❸お腹
❹太もも
❺ふくらはぎ・足首
❻背中・二の腕
❼バスト
❽あご・首

理想の形に近づいてくると
あと何センチくびれたい・絞りたいとイメージも具体的になってきます
わかる〜
今は、お尻の上の方に高さを作りたいんだ
中臀筋（ちゅうでんきん）
でも本気でガッチリは…
私には無理かも…
あれ!?
鍛えるよりもストレッチが多いかも
60分の構成はこんな感じ
体の硬い人 ストレッチ 20分 → 筋トレ 20分 → ストレッチ 20分
平均 ストレッチ 10分 → 筋トレ 40分 → ストレッチ 10分
現代人はスマホやパソコンで筋肉が固まっていてまず緩めないと筋トレさえできないことが多いんです！
首コリ
肩コリ
腰痛
まずは体の使い方を意識してもらうところから
筋肉がどうやって伸び縮みするかストレッチで確かめます
腕の筋肉
縮む
伸びる
縮む
伸びる
腰の筋肉
伸びる
縮む
縮む
伸びる

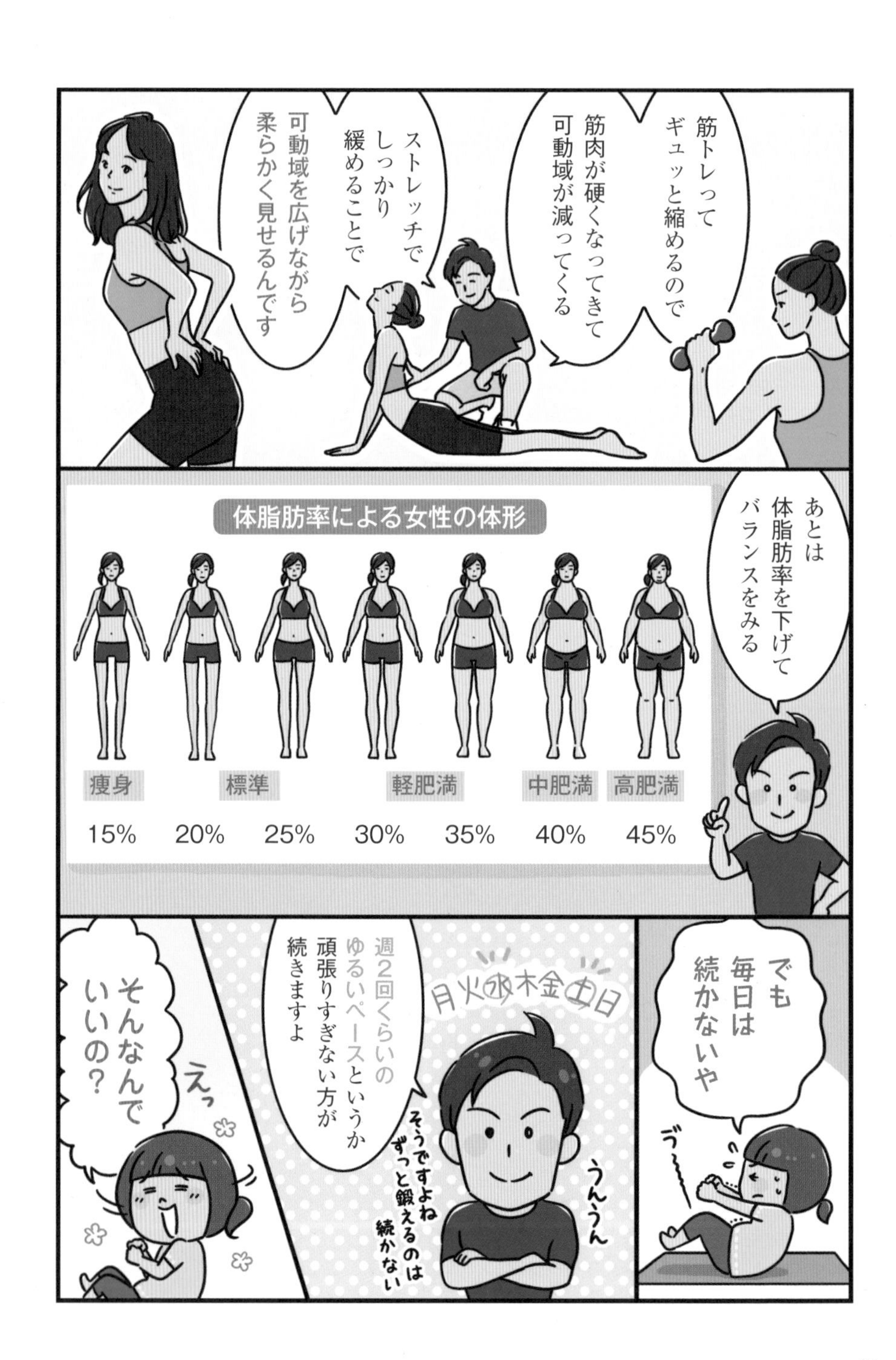
筋トレって
ギュッと縮めるので
筋肉が硬くなってきて
可動域が減ってくる
ストレッチで
しっかり
緩めることで
可動域を広げながら
柔らかく見せるんです
あとは
体脂肪率を下げて
バランスをみる
体脂肪率による女性の体形
痩身
標準
軽肥満
中肥満
高肥満
15%
20%
25%
30%
35%
40%
45%
でも
毎日は
続かないや
ヮ〜〜
月火水木金土日
週2回くらいの
ゆるいペースというか
頑張りすぎない方が
続きますよ
そうですよね
ずっと鍛えるのは
続かない
うんうん
そんなんで
いいの？
えっ

とろふわ筋トレとは
❶筋トレ＋ストレッチで柔らかい筋肉を作る
❷体脂肪率を下げて美しく
❸週2回で頑張りすぎずにゆるーく続ける
ストレッチ併用がとろふわの秘密ですね
私も週２回だよ
ストレッチで体をほぐして
＋
筋トレ１回5分
×
数種類
＋
ストレッチで体を整える
あっという間の60分
一番のメリットは管理されることかも
トレーナーと会うから食事に気をつけようとかストレッチや自主トレやろうとか…
玉置先生に会うと思うだけで頑張れます
それは大きいです！
一人だと挫折しちゃう
私にもできそう
納得

女性らしい「とろふわ筋肉」の作り方

引き締まった部分と、柔らかさのある部分とのメリハリがあるのが〝とろふわ筋肉〟。パーツごとにどんな体を作りたいのかをイメージすると、より効果が現れやすくなるでしょう。

「とろふわ筋肉」を作るトレーニングのポイント

筋トレとストレッチを組み合わせる

肩甲骨や股関節などをストレッチすることで、使われていなかった筋肉がきちんと動かせるようになり、効率的なトレーニングに。

使っている筋肉を意識する

トレーニングの際は、どの筋肉を使っているのか、どの関節を動かしているのかを意識し、鏡でチェックすると狙い通りのボディに。

「どこに効いているか」を
目で確認！

トレーニングを続けるコツ

いざトレーニングをはじめようと思っても、忙しさや疲れなどで、つい三日坊主になってしまうことも多いもの。あまりストイックにやろうとせず、まずは自分にできる範囲で続けていくことで少しずつ体は変化していきます。ポイントを抑えてモチベーションを持続させましょう！

❶筋トレは週２回のペースで続ける

トレーニングした部分にきちんと筋肉をつけるには約２～３日の休養が必要。初心者なら週に２日の筋トレからはじめるのが効果的です。また、疲れている時はストレッチを多めにしてもOKです。

❷限界まで追い込まない

たくさん負荷をかけてプルプルするまで行う筋トレは、太い筋肉がつき、とろふわ筋肉とはかけ離れてしまいます。正しい動きをマスターすることで、多くの負荷をかけなくても効率的にトレーニングできるようになります。

ブラトップなど、体のラインがわかるウェアを身につけるとほどよい緊張感に。

❸体の変化がモチベーションアップに

自分の体のラインの変化に気付くと、トレーニングのモチベーションアップに。目指したい体を具体的にイメージするとよいでしょう。

美尻

衰えがちな筋肉を使い引き締まったヒップに

キュッと引き締まり、丸みのあるヒップを作るには、大臀筋や中臀筋を鍛えることに加え、股関節を柔軟にすることも大切。股関節をほぐして可動域が広がると、歩く時に自然とお尻の筋肉が使われるようになりヒップアップにつながります。日常の動作ではあまり使われない部分なので意識してトレーニングやストレッチを取り入れましょう。

❶大臀筋

お尻全体を包み込んでいる筋肉。お尻の垂れは大臀筋の衰えが原因のため、ここを鍛えることでキュッと引き締まった丸みのあるお尻を作ることができます。とても大きな筋肉なのでトレーニングによって代謝アップにもつながります。

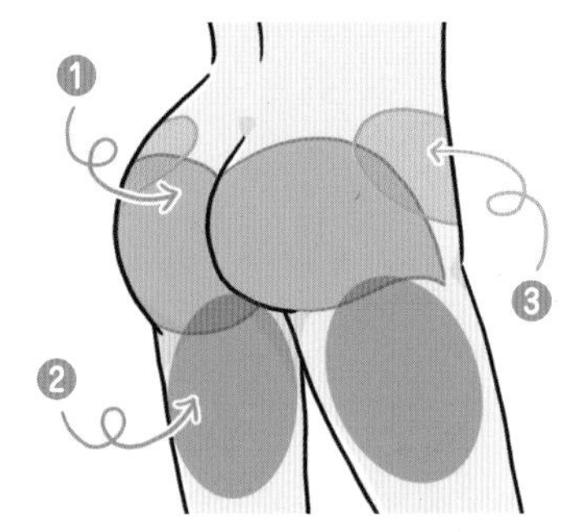

❷ハムストリングス

太ももの裏にある筋肉で、ここが硬くなると骨盤が後ろに引っ張られ、お尻が垂れてしまいます。そのため、ハムストリングスをストレッチで柔らかくするとヒップアップに。

❸中臀筋

お尻の上部にあるのが中臀筋。普段の生活ではあまり使われないため、トレーニングすることでつながっている下の筋肉も引き上げられてヒップアップに。

股関節エクササイズ

中臀筋 大臀筋

中臀筋を鍛えるとともに、大臀筋を刺激してヒップアップに。

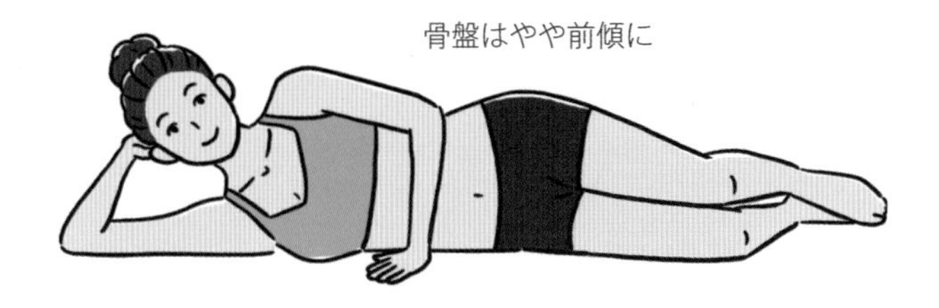

❶ 横向きに寝て、ひざをくの字に曲げます。ひじで頭を支え、もう片方の手は体の前に軽く置きます。

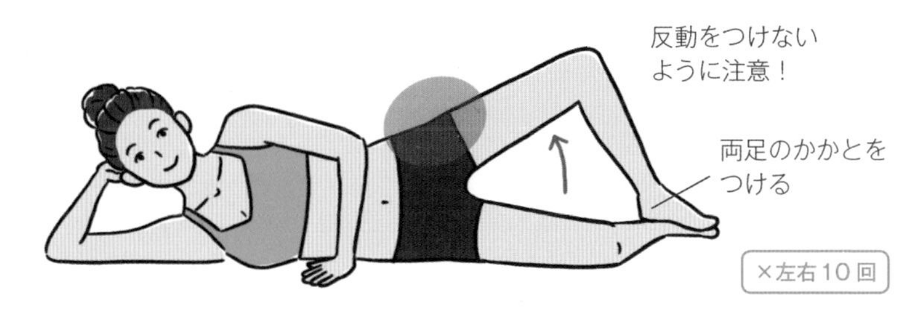

×左右10回

❷ 上にある脚のひざを上に向けるように立てます。お尻の筋肉を使い、股関節を動かすようなイメージで、ゆっくり引き上げましょう。10回繰り返したら、反対側も同様に行います。

チャレンジバージョン

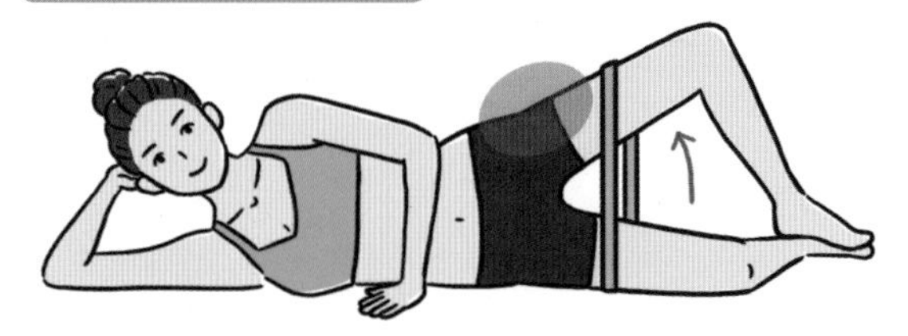

慣れてきたらひざの上にミニバンドをつけると負荷がかかり、効果アップ。

お尻＆太もも引き締めストレッチ 中臀筋 大臀筋

股関節を軸にして、脚を横や後ろに動かすことで中臀筋や大臀筋だけでなく、お腹の引き締めにもつながります。

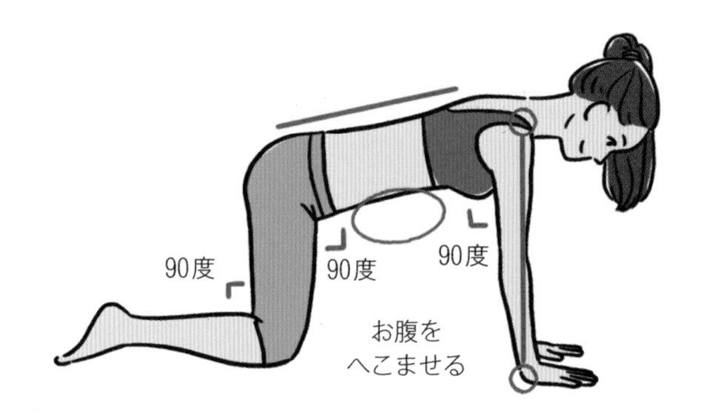

❶ 両手と両ひざは肩幅に広げて四つん這いの姿勢になります。背中は反らせたり丸めたりせず、まっすぐな状態をキープしましょう。

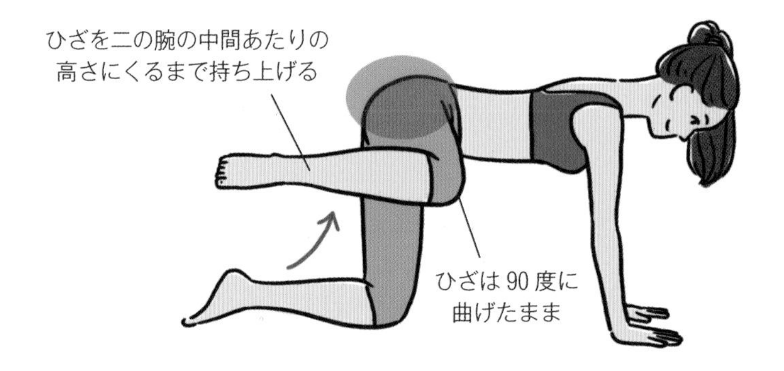

❷ ①の姿勢を保ったままゆっくり片足を真横に持ち上げます。股関節を軸にして脚だけを持ち上げるイメージです。

③ 横に曲げたひざを伸ばしながら後ろに動かします。脚は上げすぎないように注意。

④ ひざを曲げて上体に引き寄せます。3秒キープしたら①の姿勢に戻します。①～④を続けて左右10回ずつ行います。

お尻位置が上がるエクササイズ 大臀筋 ハムストリングス

ヒップを持ち上げる動きが大臀筋と太ももの裏側を刺激します。常にお腹をへこませた姿勢をキープするように心がけましょう。

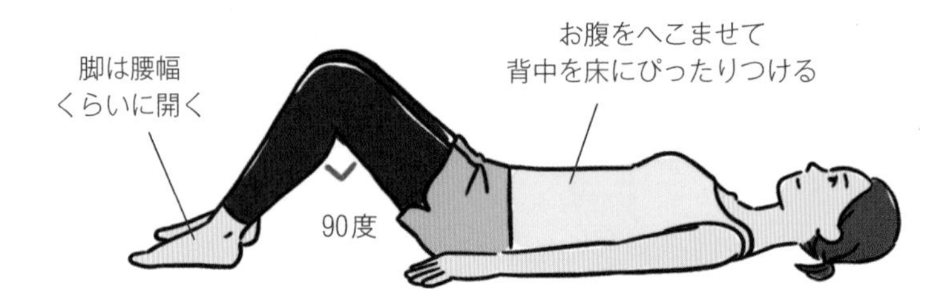

❶ 仰向けになり、手のひらを下向きにして腕を床につけます。お腹をへこませ、ひざが 90 度に曲がるようにかかとの位置を調節しましょう。

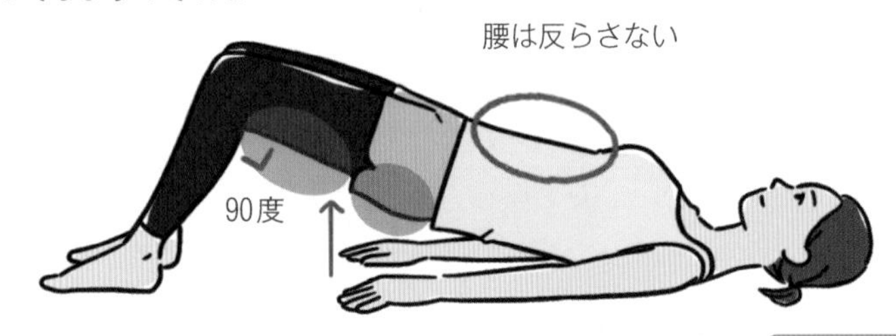

20回×3セット

❷ 息を吐きながら腹筋でお尻を持ち上げ、息を吸いながら元の姿勢に戻します。お腹をへこませたまま、ひざから背中までが一直線になるように意識しましょう。20 回× 3 セット行います。

チャレンジバージョン①

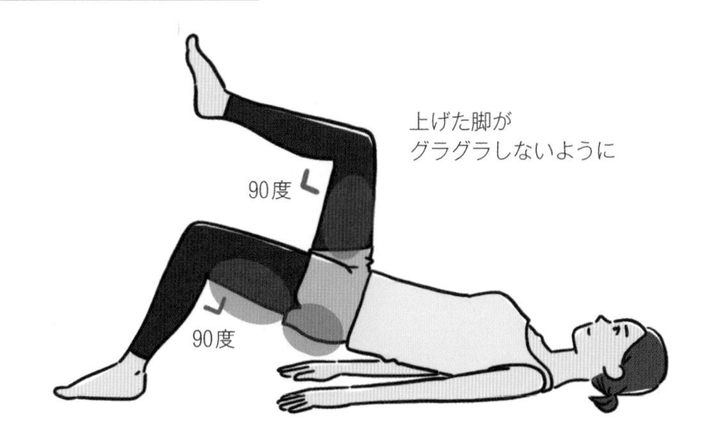

慣れてきたら片足を上げたまま行うと、さらに効果アップ。反動をつけず、腹筋の力で持ち上げるように気をつけましょう。

チャレンジバージョン②

かかとを台につける

体を支えるポイントを少なくすると、より負荷がかかるため、台やイスを使うのもおすすめ。辛い場合、手はお尻に添えてもOKです。

下半身を引き締めるスクワット 大臀筋 ハムストリングス

大臀筋を集中的に鍛えるトレーニング。狙った筋肉にしっかり効かせるため、上半身の姿勢や、重心の位置に注意して行ってください。

慣れてきたら両手にダンベルを持って負荷をかけるのも◎。背中が丸まらないように気をつけて。

股関節に効く四股ストレッチ

中臀筋 大臀筋

四股の姿勢は、硬くなった股関節をスムーズにし、周囲の筋肉に刺激を与える効果があります。関節や筋肉の動きがよくなると、骨盤のゆがみの解消にも！　ぜひ毎日取り入れましょう。

❶ 両足を開いて立ち、つま先は外側に向けます。背筋をまっすぐ伸ばし、あごを引きます。

❷ ①の姿勢を保ったままゆっくり腰を落とします。太ももと床が平行になったら15秒キープし、①の姿勢に戻します。これを3回行います。
手で上半身を支えると負荷が軽くなってしまうので注意。

×3回

背筋を伸ばした姿勢をキープすることがポイント。背中が丸くなっていると股関節をしっかり開くことができません。

効率的にトレーニングを行うポイント

トレーニングの順番や内容を工夫することでより効果を得やすくなります。なりたい体をイメージしながら、メニューを組み立ててみましょう。

短期間で効果を出すなら、まずはお尻を鍛えるべし！

お尻を中心にトレーニングすると見た目に効果を実感しやすくなります。姿勢もよくなり、自然と他の筋肉も使えるようになるなど、いいことづくめです。

筋トレは「大きい筋肉」からが基本

お尻や太ももなど、大きい筋肉から鍛えると、周りにある筋肉も一緒に使われるため効率的。トレーニング後半は疲労により集中できなくなることもあるので、前半に大きな筋肉をしっかり鍛えましょう。

大きい筋肉：太もも、お尻、ふくらはぎ　　小さい筋肉：お腹、腕など

余裕があればグッズを使うのもおすすめ

トレーニングに慣れ、余裕が出てきたら、適度な負荷をかけると効率的に筋肉をつけることができます。とろふわ筋肉を目指すなら過剰な負荷は必要ありません。無理なく使えるものを選びましょう。

ダンベル

1キロ前後のもので十分。柔らかい素材のものが握りやすくおすすめです。500gのペットボトルでも代用可。

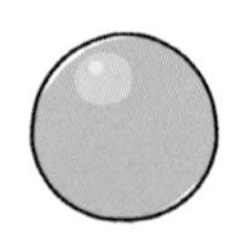

フィットネスボール

直径20～26cmの小さめのボールは足に挟む(→P58)、手に持つ(→P29)などして使用。100円ショップでも入手できます。

トレーニングバンド

P17など足を上げるトレーニングで負荷をかけます。初心者は平らで輪になっているゴムタイプのものが扱いやすいです。

週２回の基本のトレーニング例

ストレッチ：10分	→	筋トレ：40分	→	ストレッチ：10分
お尻（→P17、23)、広背筋と肩甲骨周り（→P33、P35）を中心に		お尻10分、背中10分、お腹10分、気になるパーツ10分		P43、45、62など

体が硬い人は、ストレッチを長めにとって、体の柔軟性を高めましょう！

いきなり筋トレから入ると疲れてしまい、狙った通りに体を動かすことができません。事前にストレッチでお尻、背中、肩甲骨周りをしっかりほぐしましょう。筋トレはまず、大きな筋肉であるお尻からはじめると効率よく鍛えられます。各パーツ10分を目安に行いましょう。トレーニング後はゆっくり筋肉を伸ばすようなストレッチを入れることで疲労物質である乳酸を取り除くことが大切です。

時間がない時はこれだけでもOK!

プランク＜30秒＞（→P30）

腹筋、背中、二の腕、お尻など全身を鍛えられるトレーニング。1日30秒でも続けることが大切です。

肩甲骨周りのトレーニング＜５分＞（→P35・36）

肩甲骨周りの筋肉を柔らかくすることで、背中がすっきり。バストアップや二の腕引き締め、肩こりの改善などいいことづくめです。デスクワークの多い人に。

スクワット＜1分＞（→P40）

ヒップアップや美脚、ポッコリお腹の解消などに加え代謝をアップさせて疲れにくい体を作ります。朝に行うと自律神経の働きを高めます。

くびれ

筋トレと正しい姿勢で美しいくびれを作る

腹筋は大きく分けると3つの筋肉でできていて、それぞれバランスよく鍛えることで美しいラインを作ることができます。また、トレーニングだけでなく日常生活でも腹筋を常に意識することが大切。お腹に力を入れて背筋を伸ばす、イスの背もたれにもたれかからないなど、正しい姿勢を意識するだけでも腹筋に働きかけることができます。

❶腹直筋（ふくちょくきん）

恥骨から肋骨にかけてを覆う長い筋肉。ここを鍛えることで縦のラインを作ることができます。

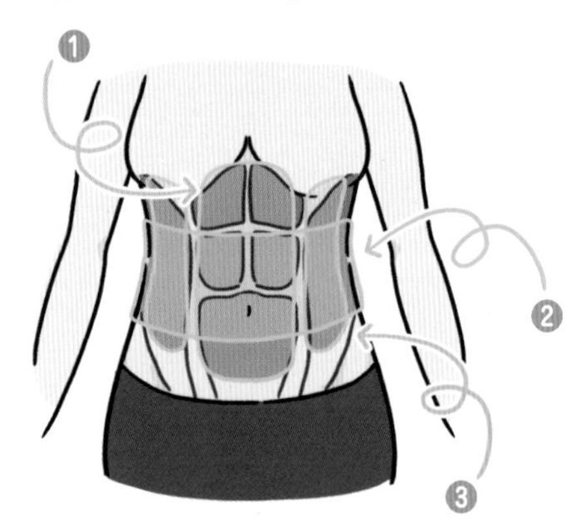

❷腹横筋（ふくおうきん）

腹筋の中でも最も深くにあるインナーマッスルで、正しい姿勢を保つための土台を作ります。腹横筋が鍛えられると内臓が正しい位置に戻るため便秘やポッコリお腹の解消にも。

❸腹斜筋（ふくしゃきん）

肋骨から骨盤にかけて脇腹に巻きついているのが、くびれのカギを握る腹斜筋です。体を横に曲げたりひねったりすることで鍛えられます。

ポッコリお腹解消トレーニング

腹直筋

腹直筋をしっかり鍛えるクランチのトレーニングです。ポッコリお腹をへこませるだけでなく、縦のラインが入った美しいくびれを作ります。

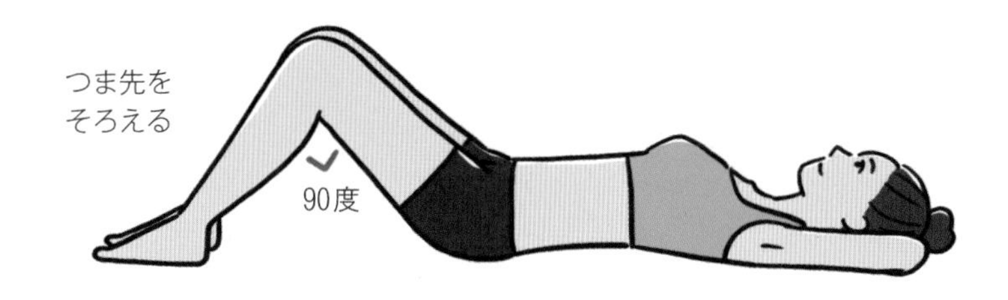

❶ 仰向けになり、ひざを90度に曲げます。お腹はへこませ、両手は頭の下で組みます。

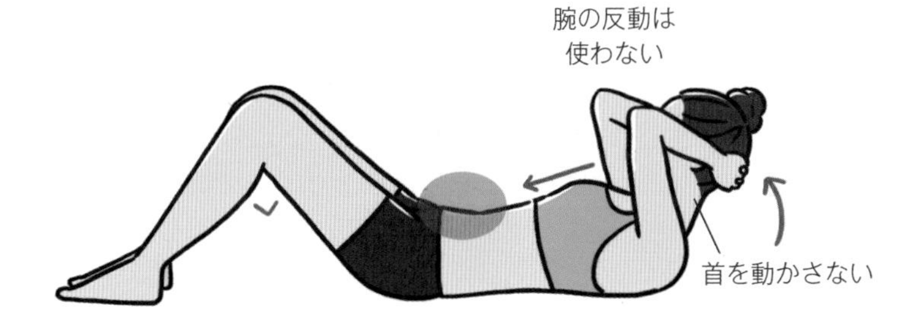

15回×2セット

❷ 息を吐きながらゆっくりと背中を丸めるように上体を起こします。おへそが見えるくらいのところまで曲げたら、息を吸いながらゆっくり①の姿勢に戻します。15回×2セット行います。

背中を丸める時も、元の姿勢に戻す時も、反動をつけずにゆっくり行うことで、しっかり腹筋に働きかけます。

お腹がへこむエクササイズ

腹直筋 腹斜筋

上体を限界までひねるトレーニングで、腹斜筋を刺激し、しっかりくびれを作ります。常に腹筋を緊張させた状態で行いましょう。

❶ ひざを軽く曲げ、脚を閉じて座ります。腹筋にしっかり力を入れましょう。

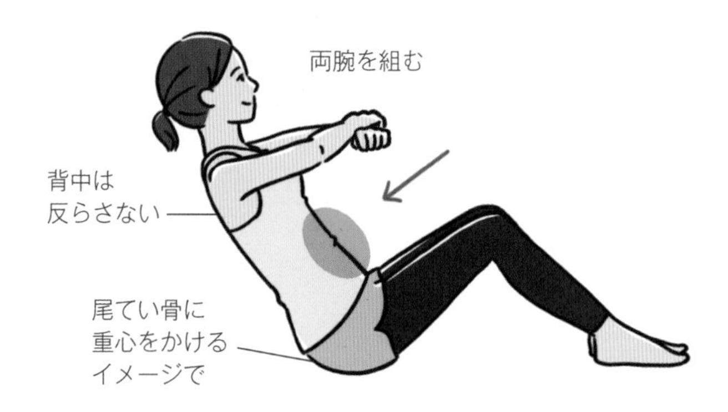

❷ 上体を倒し、体がV字になるようにします。両腕は体の前で軽く組みます。背中はやや丸めた状態でもOKです。背中を反らしたままひねると腰や背中をいためる原因になるので注意。

左右5回×3セット

❸ そのままの姿勢でゆっくり体をひねります。限界のところまでいったら、②のポジションに戻し、反対方向へ。10回（左右5回ずつ）×3セット行います。

チャレンジバージョン

余裕が出てきたら、脚を少し浮かせると腹直筋下部への負荷がアップします。ダンベルやボールを持つのもオススメです。

①～③の動きすべてで腹筋に力を入れた状態をキープしましょう。腕だけではなく、肩を意識してひねることで、しっかり腹斜筋に働きかけます。

お腹引き締め体幹トレーニング 腹直筋 腹横筋 腹斜筋

「板」を意味するプランクは、シンプルなトレーニングですが、体幹を鍛える効果が抜群。ポッコリお腹を解消して自然なくびれを作るだけでなく、基礎代謝をアップさせる効果も期待できます。

❶ 床にひざをつき、背筋を伸ばします。

両腕、両足は肩幅に開く

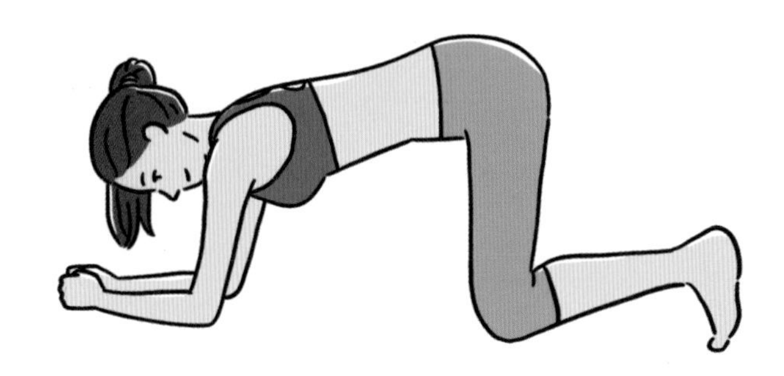

❷ 上体を倒して四つん這いの姿勢になり、ひじから手首までを床につけます。

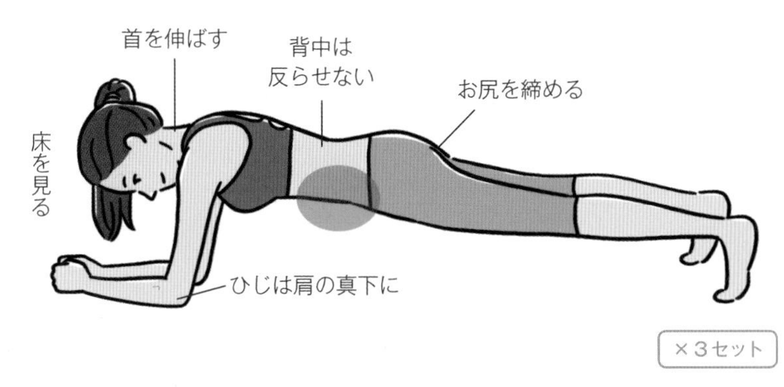

×3セット

❸ 片方ずつ足を後ろに伸ばし、つま先を立てます。ひじは肩の真下にくるようにし、頭からかかとまでが一直線になるようなイメージで20秒キープします。3セットを目安に行いましょう。

チャレンジバージョン

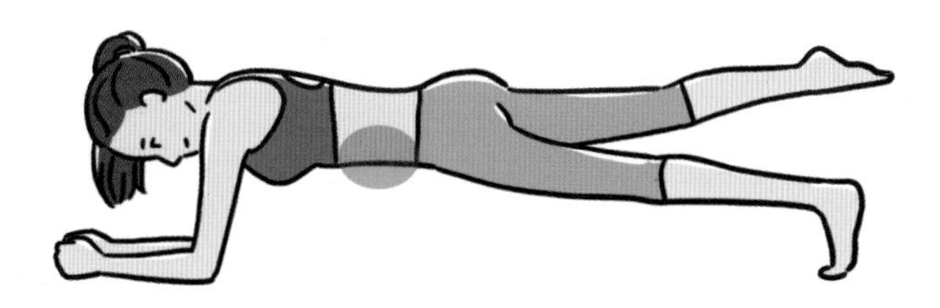

さらに負荷をかけるなら、以下がおすすめ！
・ キープする時間を長く（30秒～1分程度）
・ 片足を浮かせてキープ

プランクは正しい姿勢で行わなければ、効果が半減してしまいます。鏡を見ながら、体が「板」のようにまっすぐになっているか確認しましょう。

ウエストを絞るトレーニング

腹直筋 腹斜筋

P28 のエクササイズにひねりのポーズを入れることで、腹直筋だけでなく腹斜筋に働きかけ、美しいくびれを作ります。

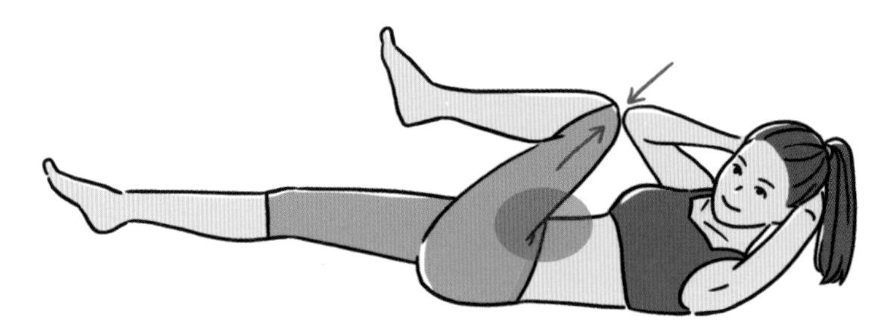

❶ 仰向けになり、両手を頭の後ろで組みます。腹筋の力を使って背中と脚を少し持ち上げたら、お腹をねじって対角のひじとひざをつけます。

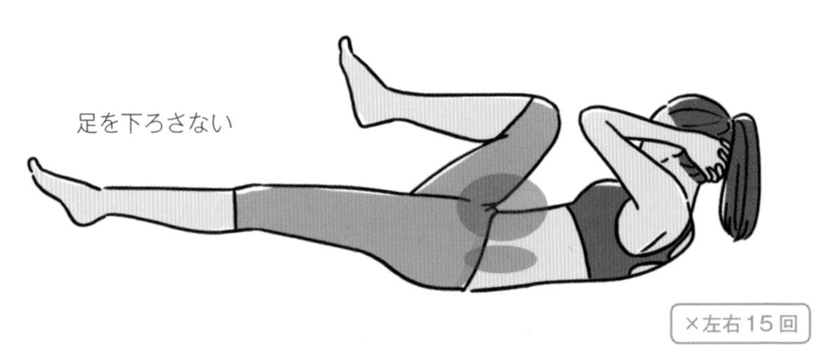

×左右 15 回

❷ 姿勢を戻して、逆側も同様に行います。常に脚と背中は浮かせた状態をキープしましょう。左右 15 回行います。

脚と背中を浮かせたまま行うため、ある程度筋力が必要です。難しいと感じた場合は、P28 のエクササイズでしっかり腹直筋を鍛えてから行いましょう。

準備体操・上体を倒すストレッチ

背中をのばしてほぐすストレッチです。他のトレーニングの準備運動としてもおすすめ。デコルテをすっきり見せる効果も期待できます。

❶ イスの前でひざをついて座ります。背筋を伸ばしたまま上体を前に倒し、手のひらを上に向けて両手をイスの上に置きます。腕はまっすぐ伸ばします。

×6回

❷ そのまま上体を倒して背中を伸ばします。体の力を抜き10秒キープ。6回繰り返します。

引き締まった背中

たるんだ背中を鍛えて しなやかなラインに

加齢や運動不足などにより背中の筋肉が衰えると、無駄な肉がつき一気に老けた印象に。背中に広がる広背筋（こうはいきん）や肩周りの僧帽筋（そうぼうきん）を鍛えるとすっきりしなやかな背中を作ることができます。また、肩甲骨周りの筋肉が硬くなると脂肪がつきやすくなります。こまめにストレッチをするとともに猫背にならないように気をつけましょう。

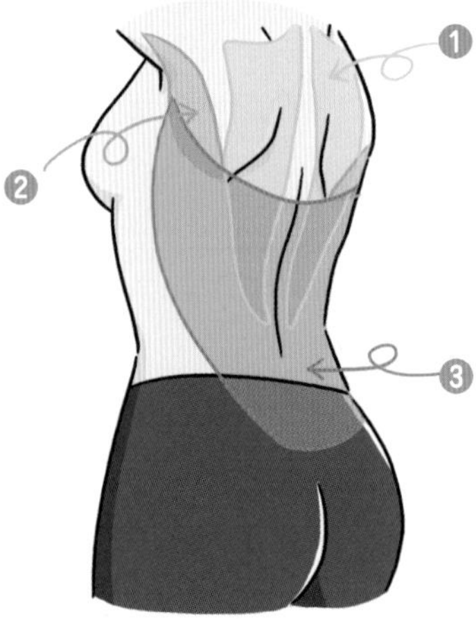

①

②

③

❶僧帽筋（そうぼうきん）

首から肩周りに広がり、腕や頭を支える筋肉。ここに余分な肉がつくと老けた印象に。加齢とともに衰えがちな筋肉ですが、鍛えることで肩甲骨の動きがよくなり、首や肩のこりを解消したり、姿勢の改善につながります。

❷大円筋（だいえんきん）

肩甲骨から脇にかけてにつき、広背筋をサポートします。ブラジャーから出る「ハミ肉」が気になる人はここを意識してトレーニングを。

❸広背筋（こうはいきん）

背中で最も大きな筋肉で、骨盤から上腕にかけてＶ字に広がっています。スマホやデスクワークなどで同じ姿勢を続けると広背筋が硬くなりやすく、猫背の原因に。また、広背筋の下側を鍛えると腰回りがすっきりします。

背中のたるみ解消ストレッチ

僧帽筋 広背筋

デスクワークなどでこり固まった背中をほぐし、肩甲骨の動きをよくするストレッチです。肩甲骨の可動域が広がり、たるみの解消にも。

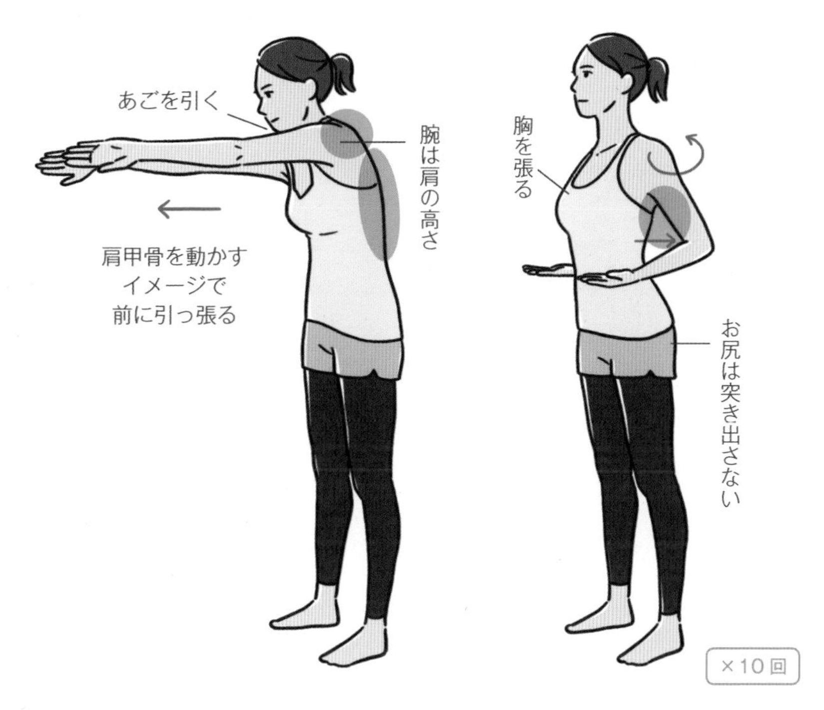

❶ 足を肩幅に開いて立ち、両腕を前に伸ばしながら、手のひらを外側に回転させます。

❷ 腕を内側に回転させ、手のひらを上に向けながら、ひじを後ろに引き、肩甲骨を寄せます。
①～②を10回行います。

②で、ひじを後ろに引く時は、
しっかりと肩甲骨を引き寄せるように
意識しましょう。

背中のハミ肉を鍛えるエクササイズ① 僧帽筋 大円筋

二の腕や肩甲骨周りの筋肉を刺激するトレーニングです。固まった筋肉を動かすことで体幹が安定し、姿勢の改善にもつながります。

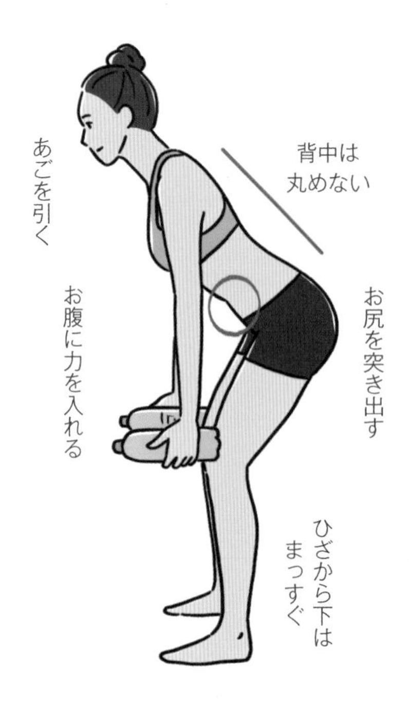

×10回

❶ 500㎖のペットボトルやダンベルを両手に持ち、足を肩幅に開いて立ちます。ひざを軽く曲げ、上体を前に倒します。

❷ 姿勢を保ったまま、両ひじを曲げてゆっくりペットボトルを持ち上げます。胸を開き、肩甲骨が引き寄せられていることを意識しましょう。

腕の力を使うのではなく、背中から引き上げるイメージで持ち上げましょう。

背中のハミ肉を鍛えるエクササイズ②　僧帽筋

日常生活ではあまりすることのない、ひじを上げる動きが、肩甲骨周りの筋肉を刺激します。肩甲骨の動きをしっかり意識しながら行いましょう。

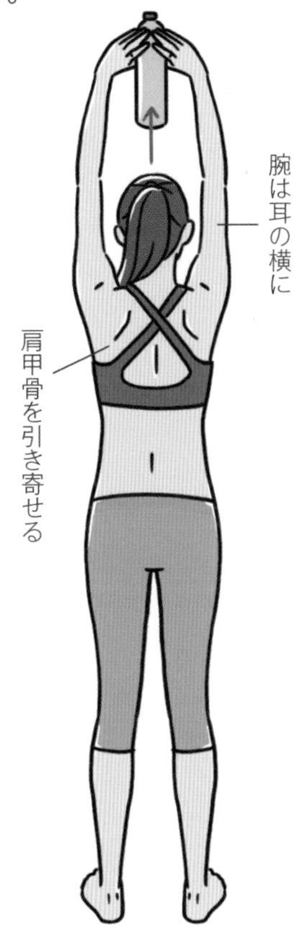

❶ 足を肩幅に開いて立ちます。背中側でペットボトルの上部を両手で持ち、ひじを伸ばして頭の真上に上げます。肩甲骨をしっかり引き寄せましょう。

❷ 肩甲骨を寄せたまま、ゆっくりひじを曲げてペットボトルを下ろします。腕が横に開いてしまわないように注意。10回繰り返します。

背中を引き締めるトレーニング① 僧帽筋

僧帽筋に働きかけ、背中を引き締めます。バストの位置をキープし、美しく見せる効果も。座った状態で行ってもOKです。

❶ 背筋を伸ばして立ち、タオルを持ってまっすぐ上げます。頭の真上にタオルがくるようにしましょう。

❷ 肩甲骨を寄せるイメージで、ひじを垂直に下ろします。タオルが耳より下の位置にくるまでしっかりひじを下げましょう。20回行います。

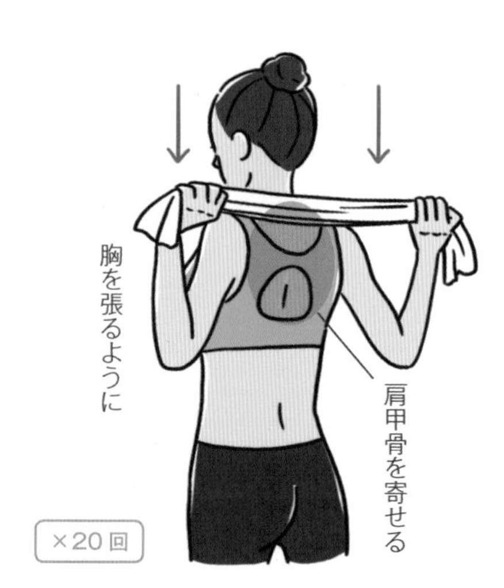

×20回

背中を引き締めるトレーニング② 広背筋 大円筋

姿勢を維持するために欠かせない広背筋を刺激し、しなやかな背中を作ります。背中が伸びていることを感じながら行いましょう。

❶ 足を肩幅に開いて背筋を伸ばして立ち、両腕をまっすぐ上げます。そのままの姿勢で顔を前に向けたまま上体を倒します。

❷ 姿勢をキープしたままお尻を突き出すようにして、ひざの屈伸をします。10回程度行います。

意外に難しいスクワット

お尻や太ももなど、下半身の大きな筋肉に働きかけるスクワットは、ヒップアップや美脚効果に加え、代謝アップや姿勢改善にもつながります。正しいフォームをマスターしましょう！

よくあるNGスクワット

前ももに力が入っている

前ももだけに負荷がかかると、ムキムキの足になってしまい逆効果。下腹部とお尻に力を入れた姿勢でスクワットを行えば、お尻に負荷がかかり、ヒップアップにつながります。

スピードが速すぎる

スクワットは、勢いをつけずゆっくり動かす方が効果的。腰を下ろすのにも、元に戻すのにも２～３秒かけましょう。回数も10回×２～３セットで十分です。

うまくしゃがめていない

しゃがむ際、ひざが内側に入ったり、お尻がひざより高くなると負荷がかかりません。ひざはやや外側に、太ももが床と平行になるようにしましょう。

正しいスクワットのフォーム

10回を1セットにして、30～90秒のインターバルを挟んで3セット行いましょう。

二の腕シェイプ

加齢でたるむ二の腕は意識的に動かして

女性の二の腕は元々皮下脂肪が多く、加齢とともにハリがなくなると、たるみがちに。日常生活ではあまり使わない部分なので意識してトレーニングすることが必要です。また、肩甲骨のストレッチも効果的。肩甲骨周りの筋肉が柔らかくなり可動域が広がると、自然と腕を大きく動かせるようになるため、引き締め効果が期待できます。

❶上腕三頭筋（じょうわんさんとうきん）

二の腕の裏側にあり、この筋肉が衰えることが「振袖肉（ふりそでにく）」の原因。雑巾掛けのような、「押して力を入れる」動作で使われる筋肉ですが、現代の生活ではあまり使う機会がないため、意識的にトレーニングする必要があります。

背筋から血流を巡らせるストレッチ　上腕三頭筋

肩甲骨を引き寄せたり、開いたりすることで動きをよくするストレッチです。二の腕はもちろん、背中の引き締めにも。

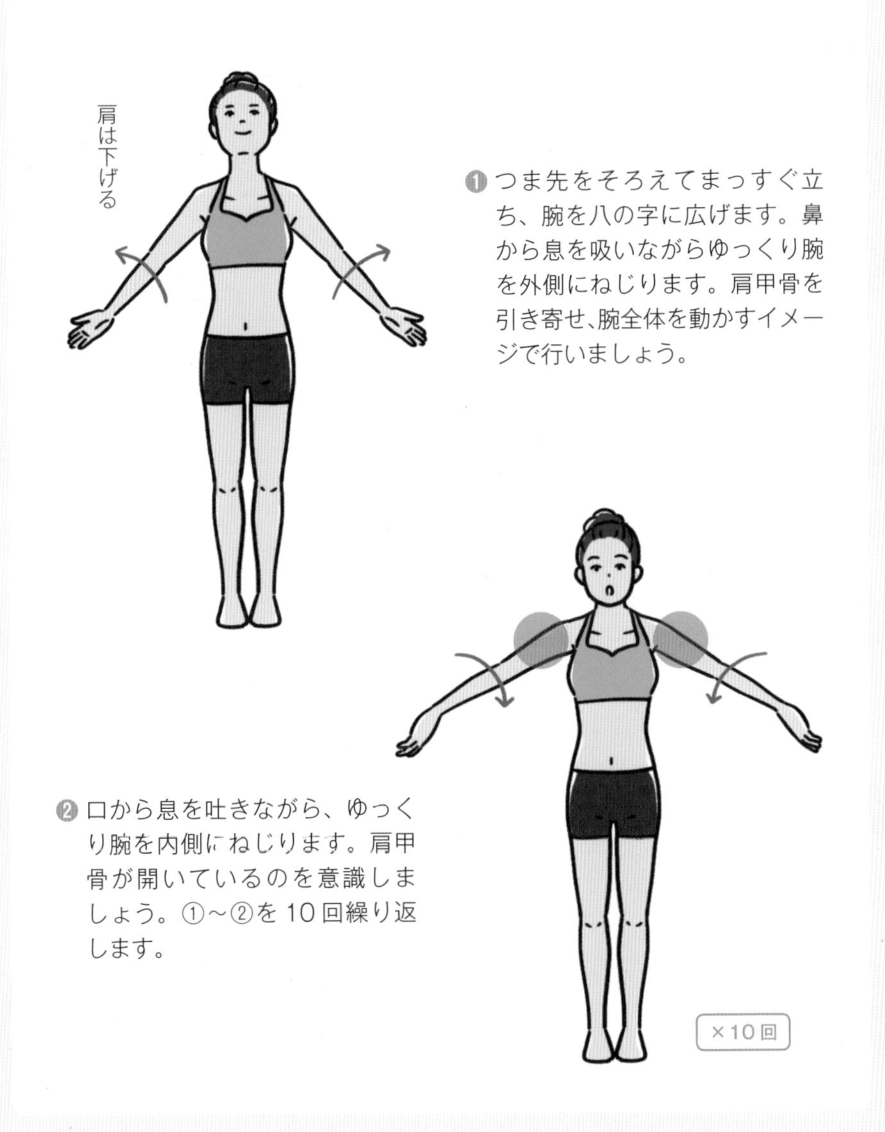

❶ つま先をそろえてまっすぐ立ち、腕を八の字に広げます。鼻から息を吸いながらゆっくり腕を外側にねじります。肩甲骨を引き寄せ、腕全体を動かすイメージで行いましょう。

❷ 口から息を吐きながら、ゆっくり腕を内側にねじります。肩甲骨が開いているのを意識しましょう。①～②を10回繰り返します。

二の腕が細くなるエクササイズ　上腕三頭筋

腕全体をねじる動きはインナーマッスルに働きかけ、引き締め効果が期待できます。肩甲骨の動きも意識しましょう。

❶ 両腕を肩の高さまで上げ、床と平行にして手のひらを上に向けます。

❷ 姿勢を保ったまま、片方の腕をゆっくりねじります。手のひらを1回転させるようなイメージで刺激を感じるところまでねじりましょう。反対側の腕も同様に行い、左右10回繰り返します。

二の腕引き締めストレッチ

上腕三頭筋

腕を後ろに回してねじることで、日常であまり動かさない上腕三頭筋と広背筋を同時に刺激します。二の腕のたるみに効果的なトレーニングです。

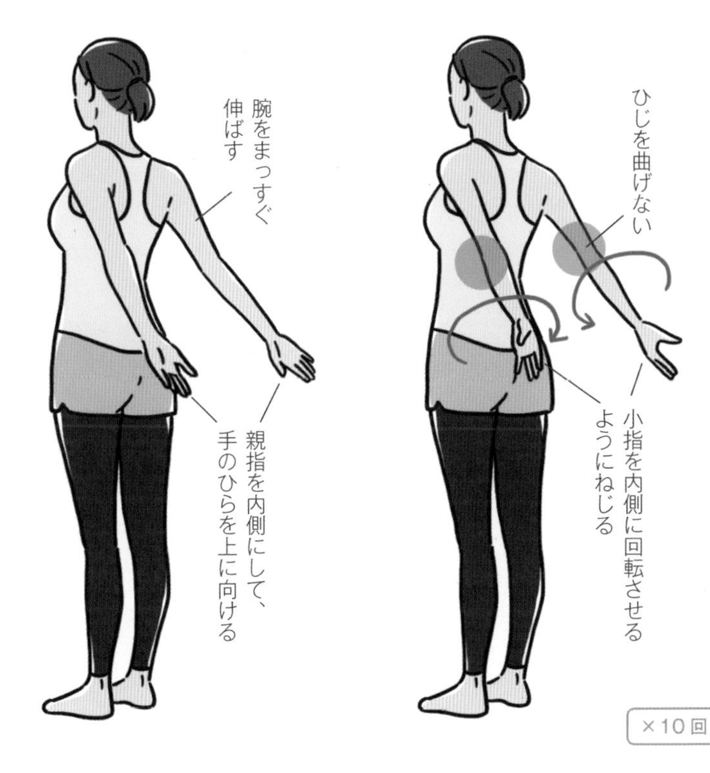

×10回

❶ つま先を軽く開いて立ち、脇を締めたまま両腕を後ろに伸ばします。

❷ そのままの姿勢で、腕全体をねじり手のひらを外側にむけます。10回行います。腕が下がらないように注意しましょう。

余裕がある人は、腕の位置を上げるとさらに効果的です。

二の腕痩せストレッチ①

上腕三頭筋

脇をしっかり伸ばすことで、上腕三頭筋を刺激し、二の腕のたるみを解消します。タオルが常にまっすぐになるように意識すると、しっかり負荷がかかります。

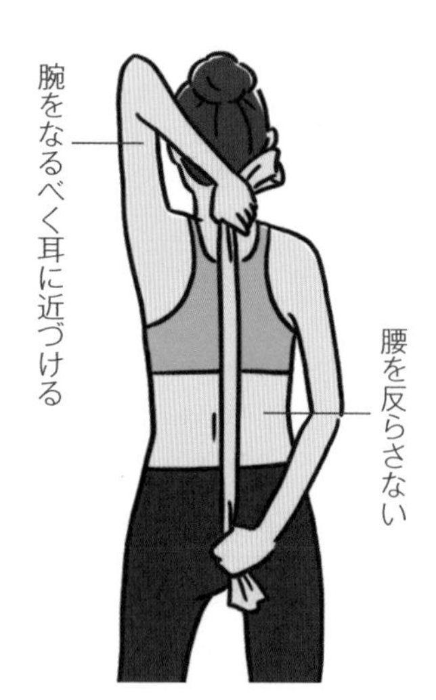

❶ 左手でタオルの端を持って背中側に垂らし、右手でタオルの反対側の端から少し上をつかみます。

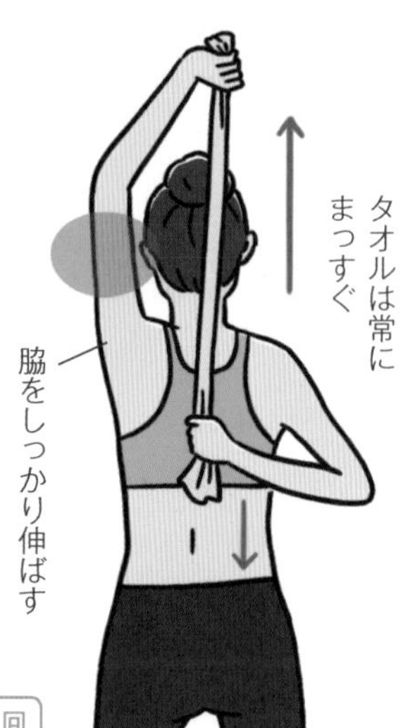

❷ 右手でタオルを下に引っ張り、左手はその力に対抗しながら真上に引っ張り上げます。タオルは常に背骨に沿わせるように意識しましょう。左の脇がしっかり伸びたら①に戻します。これを 10 回繰り返し、反対側の腕も同様に行います。

×左右 10 回

二の腕痩せストレッチ②

上腕三頭筋

二の腕の引き締め効果のあるトレーニングです。上腕に効いていることを意識しながら行いましょう。

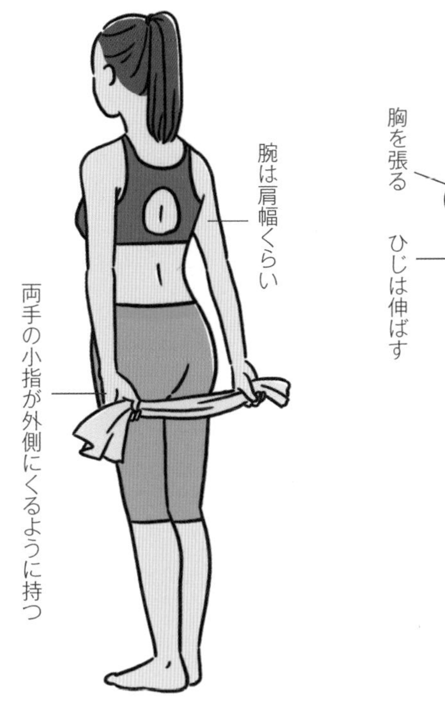

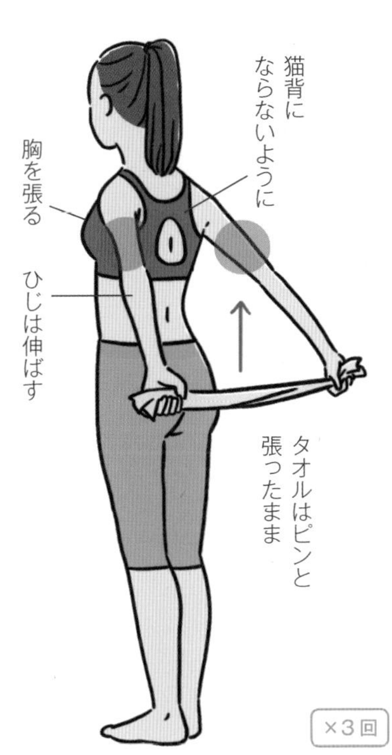

❶ 両腕を肩幅くらいに広げ、背中側でタオルをピンと張った状態で持ちます。

❷ ゆっくりと両腕を持ち上げ、これ以上は上がらないと感じる場所で８秒キープします。これを３回行います。

うまくできない場合はタオルを持つ幅を広げてもOKです。

美乳

背中からサポートして上向きの美乳をキープ

バストが垂れる大きな原因となるのが姿勢の悪さ。猫背の状態が続くと重力によりバストが下向きになってしまいます。お腹から胸までの筋肉を伸ばすつもりでまっすぐな姿勢になるとバストも上向きになります。また、美乳を作るカギとなるのは背中。硬くなった肩甲骨をほぐすと、自然に胸が開いた姿勢に。背中側からもしっかりサポートすることで、上向きでハリのあるバストをキープしましょう。

❶大胸筋（だいきょうきん）

胸の前に広がる大きな筋肉で、バスト全体の土台となります。大胸筋が鍛えられるとバストの重みをしっかり支えられるため、下垂を防ぐことができます。

❷小胸筋（しょうきょうきん）

大胸筋の裏にあるインナーマッスル。この筋肉を鍛えるとサスペンダーのようにバストを引き上げたり、バストが左右に流れるのを防ぐことができます。

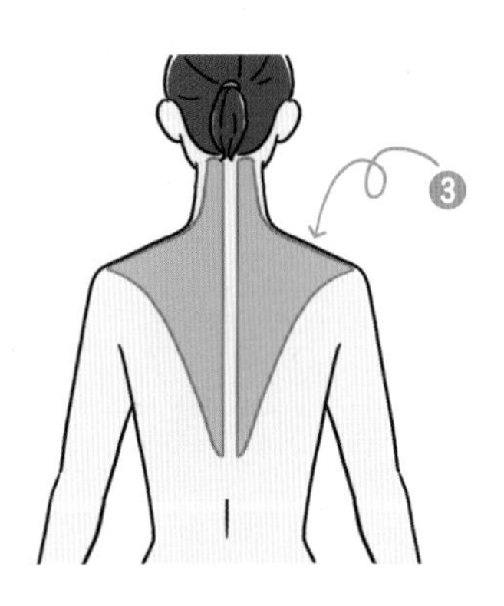

❸僧帽筋（そうぼうきん）

首から肩周りに広がる筋肉で、デスクワークなどで同じ姿勢を続けるとこわばりやすく、バストが垂れる原因に。特に下部を柔軟にすると上向きの美乳に。

ブラのハミ肉防止のエクササイズ①

僧帽筋

デスクワークでこり固まった僧帽筋をほぐすことで、バストをしっかりと支えられるようになります。背中がスッキリすればハミ肉防止に。

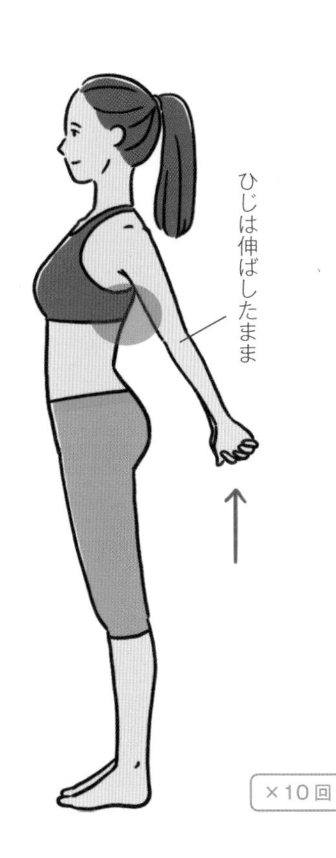

❶ 背筋を伸ばして立ち、体の後ろで腕を伸ばして両手を組みます。手のひらはしっかりくっつけます。

❷ そのまま両腕を上げます。できる限り高く上げ、①に戻します。これを10回繰り返します。

ブラのハミ肉防止のエクササイズ②　僧帽筋

座った状態でもできるアレンジバージョンです。

❶ 座った状態で背筋をまっすぐ伸ばし、体の後ろで両手を組みます。

❷ そのままの姿勢で肩を５回回します。肩甲骨を引き寄せるようなイメージで行いましょう。

❸ 両腕を斜め下方向に引っ張り、胸は斜め上に向けます。顔も斜め上に向け、首を伸ばします。そのまま３回深呼吸します。これを 10 回繰り返します。

×10 回

上向きバストになるストレッチ　大胸筋　小胸筋

壁にひじをつく姿勢で大胸筋が、壁に手をついてぐっと胸を開くことで小胸筋が刺激されます。しっかりと胸を開きましょう。

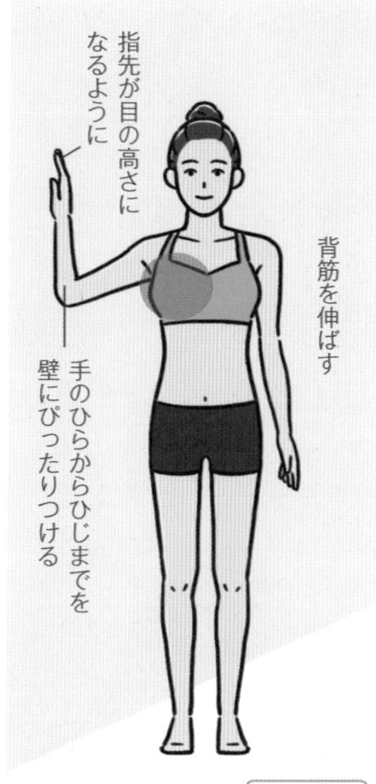

×左右3回

足を肩幅に開いて壁の横に立ち、手のひらからひじまでを壁にぴったりつけます。そのまま10秒キープ。これを左右各3回行います。

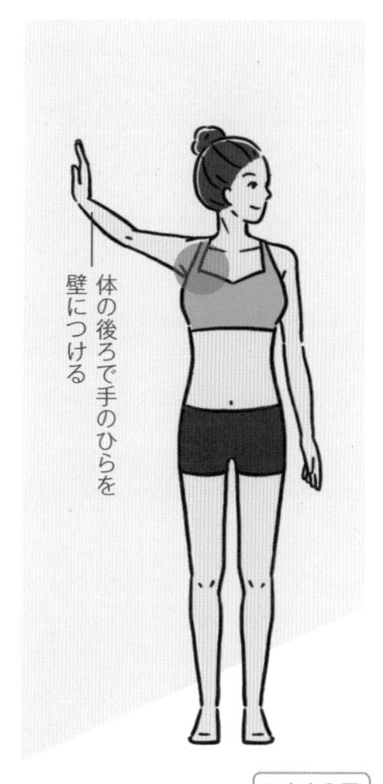

×左右3回

体の斜め後ろに腕を伸ばして手のひらを壁につけます。上半身をねじり、胸をしっかり開いて10秒キープ。これを左右各3回行います。

バストの土台を鍛えるトレーニング 大胸筋

バストの土台となる大胸筋をしっかり鍛えるトレーニングです。無理せず少しずつ行いましょう。

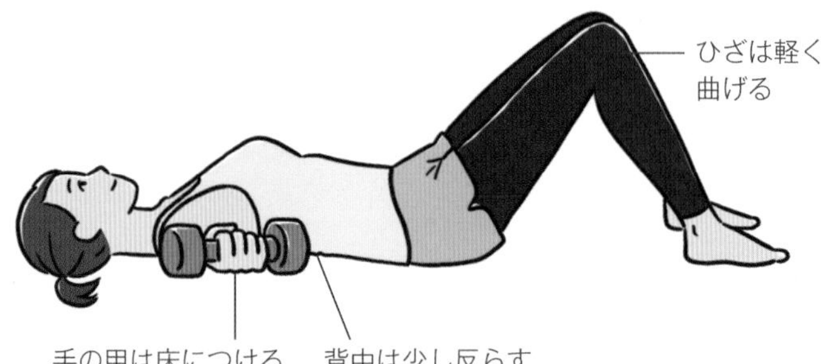

❶ 仰向けに寝て、両腕を肩の高さで真横に伸ばしてダンベル（or ペットボトル）を持ちます。背中は少し反らします。

❷ 息を吐きながら、ひじを軽く曲げて両腕を胸の真上に向けて上げます。

腕の筋肉で持ち上げるのではなく、大胸筋を収縮させることでダンベルが動いているというイメージで行うのがポイントです。

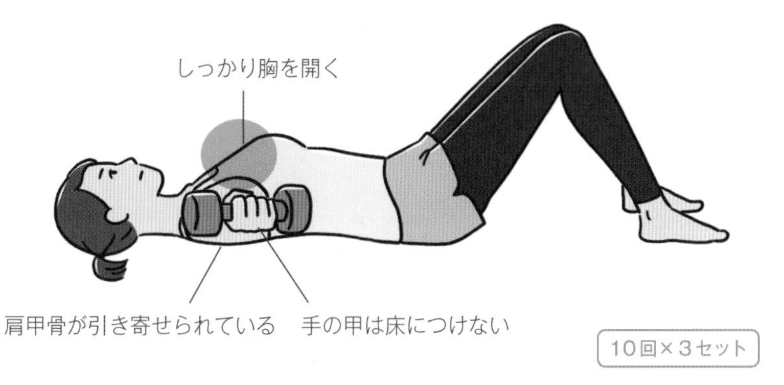

❸ 息を吸いながらゆっくりと腕を下ろし、手の甲が床につく寸前のところで止めます。肩甲骨を引き寄せ、しっかり胸が開いた姿勢を意識しましょう。②〜③を10回繰り返します。慣れてきたらインターバル30秒を挟んで3セット行います。

チャレンジバージョン

さらに負荷をかけるなら、ストレッチポールやバランスボール、クッションなどを背中の下に置くのがおすすめ。腕がより動かせるようになります。

美脚

むくみを防ぎ日常動作で筋力アップを

下半身の筋力が不足すると水分や老廃物が滞りやすく、足のむくみの原因に。歩く時や座る時など、日常の動作で足の筋肉を意識的に使うようにすることでむくみを防ぎ、足を引き締めることができます。また、ふくらはぎは筋トレで鍛えすぎるとムキムキの「ししゃも脚」になってしまうおそれも。適度な筋肉量を保つには、ストレッチなどでむくみを防いだり、歩き方や姿勢を見直すとよいでしょう。

❶内転筋（ないてんきん）

太ももの内側にある筋肉。日常生活ではあまり使われない筋肉ですが、ここを鍛えることでまっすぐに引き締まった美脚に。

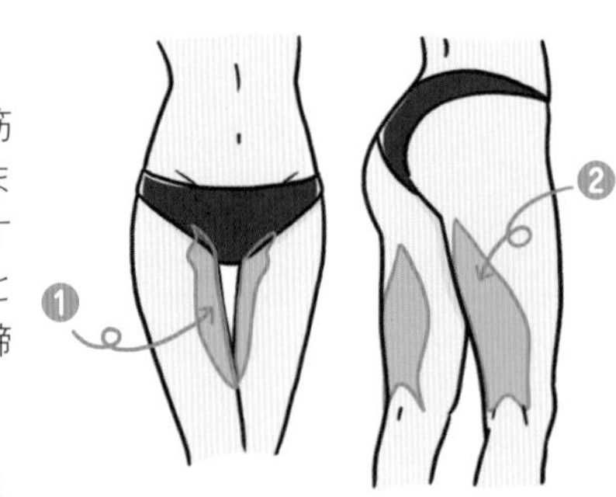

❷ハムストリングス

太もも裏の筋肉。前屈をした時に指先が床につかない人はハムストリングスが硬くなっている可能性が高く、骨盤のゆがみの原因にもなります。（トレーニングはP20～22参照）

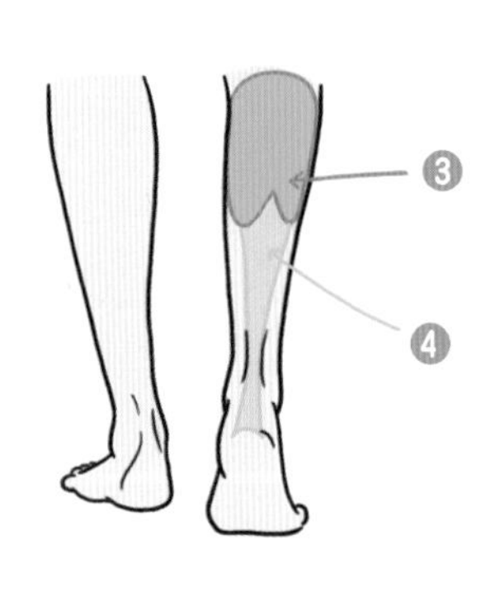

❸ヒフク筋（きん）

ふくらはぎの表層にある筋肉で、ひざや足首を動かす働きをします。

❹ヒラメ筋（きん）

ふくらはぎにあるインナーマッスルで、立ったり歩いたりする際のバランスをとるために働きます。

足のむくみ解消エクササイズ

ヒラメ筋

足裏は水分や老廃物がたまりやすい場所。しっかりとほぐして柔らかくすることで巡りがよくなり、むくみの改善につながります。

足指じゃんけん

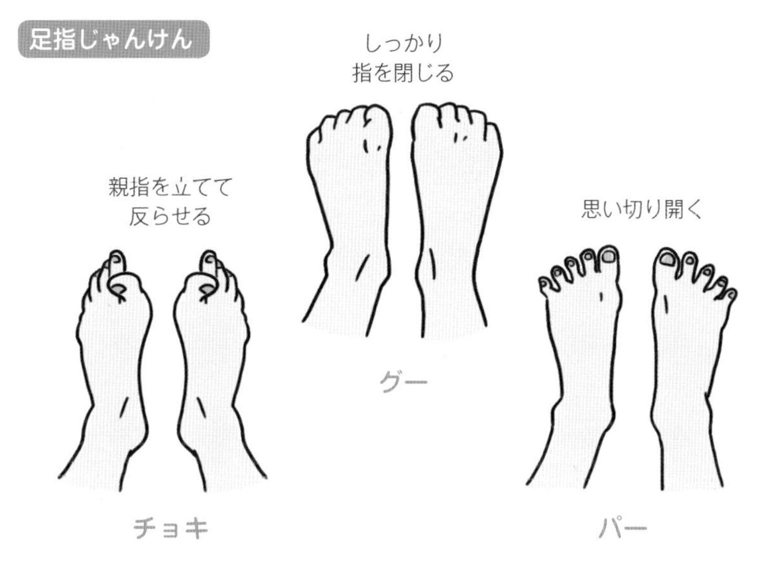

足の指を使って思い切り「グー」「チョキ」「パー」を作ると、血行が促進され、むくみの解消に。それぞれ5～10回程度行います。

ボール転がし

テニスボールで足の裏を刺激するのもむくみ解消に効果的。つま先からかかとまで、転がしながら圧をかけます。硬くなっている場所は20秒ほど体重をかけてキープしましょう。

足のむくみ解消ストレッチ　ヒフク筋　ヒラメ筋

ふくらはぎをストレッチするとともに、リズミカルに動かすことで血液やリンパの流れを促します。むくみが気になる人にもおすすめ。

❶ 両手両足を肩幅に開いて床につけます。ひじとひざは伸ばします。

❷ そのままの姿勢でひざを軽く曲げて足踏みをします。伸ばしている脚のふくらはぎが伸びているのを意識しましょう。2～3分続けて行います。

ふくらはぎ痩せストレッチ

ヒフク筋　ヒラメ筋

ふくらはぎをしっかり伸ばし、足をすっきりさせるストレッチです。イタ気持ちいいと感じるところまでじっくり伸ばしましょう。

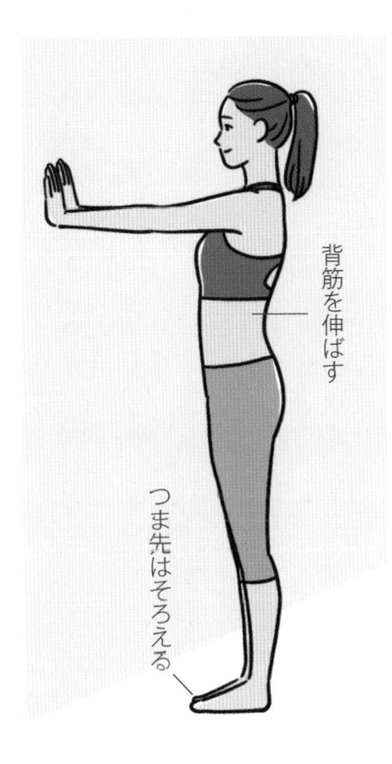

❶ 肩の高さで両手を壁につけてまっすぐ立ちます。

❷ そのままの姿勢で、かかとをつけたまま片足をゆっくり後ろにずらしていきます。ふくらはぎが十分伸びたと感じたら30秒キープ。反対側の足も同様に行います。

太ももにすき間を作るトレーニング　内転筋

内ももを使ってボールを押しつぶすことで、内転筋が鍛えられます。連動して下腹を引き締める効果も。内ももだけの力を使うように意識してください。

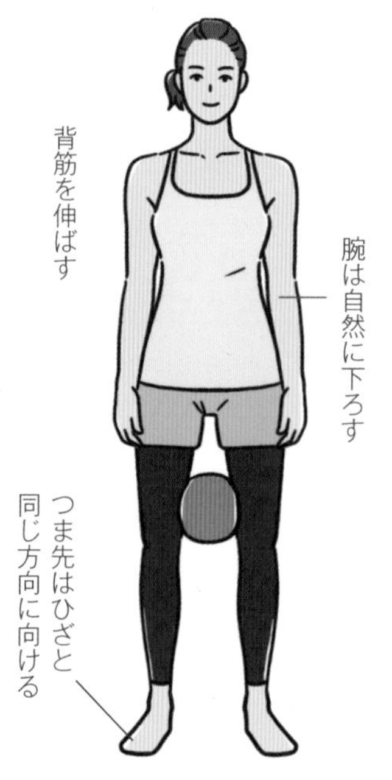

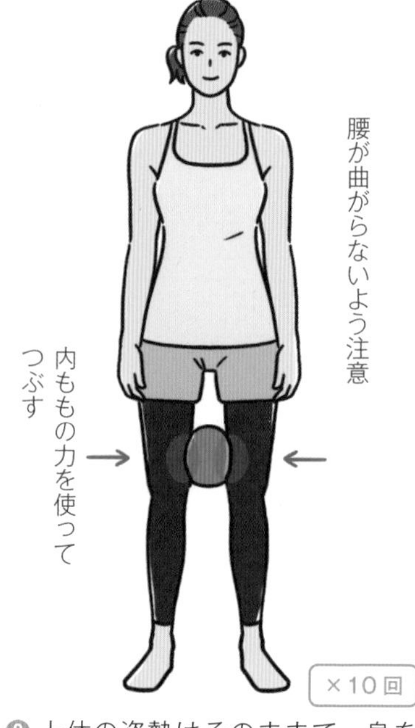

❶ お腹に力を入れてまっすぐ立ち、ひざの上でボールを挟みます。

❷ 上体の姿勢はそのままで、息を吐きながらボールをぎゅーっと押しつぶします。3秒キープし、10回繰り返します。

座った状態でも同様にトレーニングできます。ボールの代わりにタオルなど挟み、落とさないようにキープし続けて。

スマホの使いすぎで二重アゴに!?

私たちの生活に欠かせないスマホですが、画面を見続けることで姿勢が悪くなり、首に負荷がかかりやすくなります。姿勢に注意し、適宜ストレッチなどで体をほぐす習慣をつけましょう。

スマホを持つ位置は顔の高さに

猫背でスマホを覗き込むと、頭が肩より前に出るため、首や肩に過剰な負荷がかかります。これにより血流やリンパの流れが悪化し、様々な不調の原因に。スマホを持つ位置を顔の高さに上げるようにしましょう。

背筋を伸ばし、あごを軽く引く

スマホは顔の高さに上げる

スマホを持っていない方の手を脇に挟むと姿勢が安定する

首の後ろをほぐすストレッチ

脇をしっかり開いて両手を頭の後ろで組み、頭を後ろ方向へ、両手を前方向に押し合い10秒キープします。

あごの筋肉のこりをほぐし、リンパの流れをよくするのでたるみ解消に！

二重あご改善体操 ×5回

人差し指をカギ型に曲げ、あご先から約2cmの部分に当てます。そのまま「ら、り、る、れ、ろ」と巻き舌で発音します。5回繰り返します。

小顔

リンパの流れを促し すっきり小顔に

顔のむくみやたるみは、血流やリンパの流れが悪くなっている証拠。首や肩、肩甲骨周りの筋肉をほぐし、血の巡りをよくすることが小顔への近道となります。猫背や、首が前に出る姿勢、肩が内側に入る巻き肩などを続けていると、首も太くなり、ますます大顔になります。硬くなってしまった部分はストレッチでほぐし、姿勢を正すことでたるみやむくみを予防しましょう。

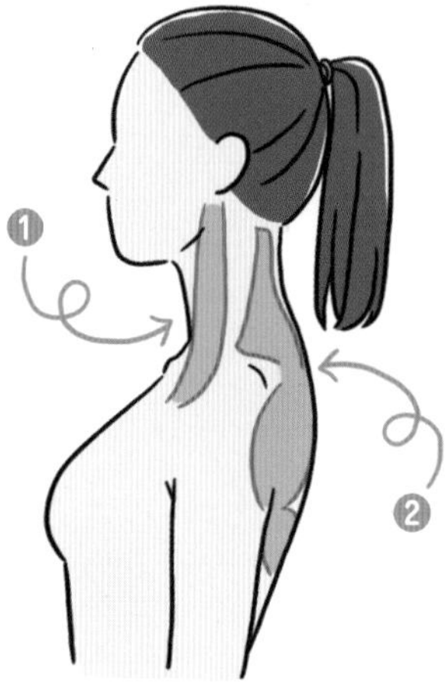

❶胸鎖乳突筋（きょうさにゅうとつきん）

後頭部と鎖骨をつなぐ筋肉で、顔を横に向けた時に筋が見えます。頭を支えたり、首を回したりする役割があり、この筋肉をほぐすことで老廃物が流れやすくなり、顔周りがスッキリした印象に。

❷僧帽筋（そうぼうきん）

首から肩周りに広がる筋肉。特に僧帽筋の上部はデスクワークなどでこりやすく、血流やリンパの流れを滞らせます。

首＆デコルテほっそりエクササイズ 胸鎖乳突筋 僧帽筋

脇や背中を伸ばすストレッチです。背中のこりをほぐすことで老廃物が排出されやすくなり、すっきり小顔に！

×左右10回

❶ ひざ立ちの姿勢になり、ひざを肩幅に開きます。両腕はまっすぐ伸ばして頭の上でクロスさせて手のひらを合わせます。

❷ そのままの姿勢を保ちながら上半身をゆっくり横に曲げます。脇が十分伸びたら、反対側も同様に行います。交互に10回繰り返します。

顔のむくみ＆たるみ解消ストレッチ

僧帽筋

脇や肩甲骨の周りをストレッチすることで血行がよくなり、むくみがちな顔がすっきりします。

❶ あぐらをかき、骨盤を立てて座ります。両手は肩の上に置きます。

×10回

❷ そのままの姿勢でひじを肩の前に移動させ、脇を伸ばすようにひじを上下左右させます。10回繰り返します。

❸ 両手を肩につけたままひじを後ろに引き、胸を開いて肩を回します。10回行います。肩甲骨が動いていることを意識しましょう。

デスクワークの合間に行うのもおすすめ。両手を肩につけた状態で下から上へ1周8秒かけてゆっくり肩を回すだけでも、背中周りがほぐれて軽くなります。

フェイスライン引き締めストレッチ 胸鎖乳突筋 僧帽筋

テニスボールを使い、肩甲骨周りのこりをほぐして小顔を作ります。肩こりやゆがみの改善にも。

❶ 仰向けに寝て、ひざを軽く曲げます。片方の腕を上に伸ばして床につけ、テニスボールを腕の付け根と床の間に挟みます。

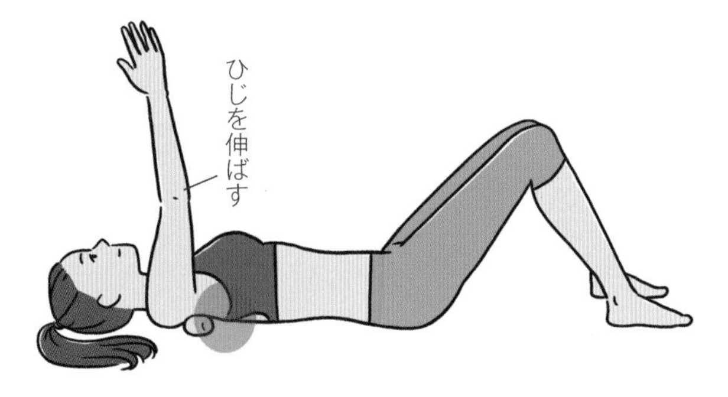

❷ ボールを当てている方の腕を、床と垂直になるようにまっすぐ上げます。

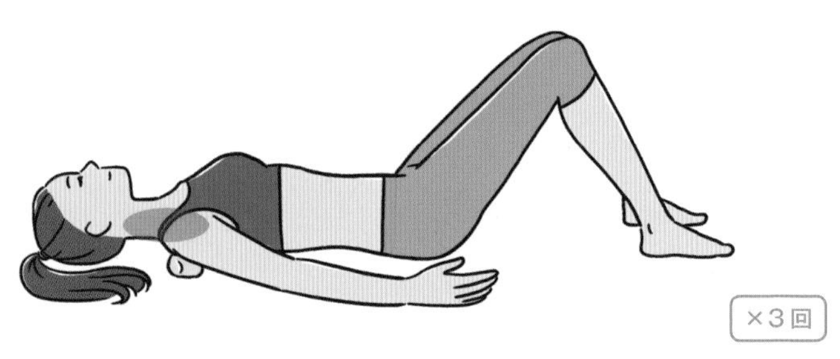

×3回

❸ ひじを伸ばしたまま手を下ろします。反対の腕も同様に、①〜③を各３回行います。

chapter

2

不調改善ストレッチ

夕方
DMビル
先日は騒がしくてスミマセンでした
今日はちょっと悩みがあって
こんにちはっ
肩コリがひどいんです
カタカタカタ…
デスクワークからか
猫背がどうしても気になって
パソコンの使用など前屈みの姿勢が続くと猫背になってしまいます
頭の重さがかかる
肩甲骨が上がって筋肉が引っぱられる
内臓の重みが腰にかかる
肩の力が抜けて前に入る
正しい座り方はP.170
これが続くと
肩こり
胸が垂れる
下腹ぽっこり
お尻が垂れる
筋肉が固まり動きがにぶり骨格も歪んでくる
最近、姿勢をよくしたい女性が急増しているんです
へえ〜

タオルで肩甲骨回し
❶上下に
10回
❷左右に
10回
❸前後に
10回
肩甲骨まわりの筋肉がほぐれて
関節の可動域が広がりますよ
猫背解消ストレッチ
❶胸を
しっかり
開ける
後ろで手を
合わせるのが
大事です
❷肩を
寄せる
目線は下
肩甲骨を
しっかり
寄せるのが
ポイントです
一番は胸の筋肉を緩めることです
胸を開いて、肩甲骨が寄ってくれば、
猫背は解消されます。
肩甲骨の間の血流がよくなれば
固まった筋肉も緩んできます。
ほぐれてきました
ポカポカ
日常的な軽い運動も大切ですよ
ボンッ♡

会社
チーン
おはようございます
常用階段
おはよう
階段できたんだ
う゛…
最近姿勢がいいわね～
カタカタカタカタ
90°
90°
90°
鈴木さん最近変わったよね
また痩せた？
最近、体調がよくなっているんです！体が軽くなって肩こりも解消して体のだるさもなくなりました
あーん
私も通おうかな～
いいな～
ぜひっ
いつ空いてるかな～
土曜の14時に予約しました！
早っっ
えっ…
完了
予約完了!

夕方
カワイイ～
お尻も
いい感じ
意外と
イケるね
お似合いです！
テニス歴
長いんですか？
大学のサークル
以来なんです…
休日
やったっ!!
ヒィー
懐かしい
この感覚っ
全然
変わらないね－
ってか
絶好調だよ
ありがとー
？
コロコロ
すみませーん
よかったら
ダブルス
しません？
はい♡

猫背

正しい姿勢と深い呼吸を意識しよう

猫背になると、肩まわりの筋肉が硬くなり血行も悪くなるため、肩こりや腰痛、自律神経の乱れなど、様々な不調を招くおそれがあります。

原因は前屈みや足を組むなど悪い姿勢でのデスクワーク、内臓系のトラブル、ストレスなど。呼吸が浅くなると筋肉が固まって猫背になりがちなので、姿勢を正して深い呼吸をするように心がけましょう。

自分に合った猫背対策を

猫背には4タイプあります。あなたはどのタイプ？

①**背中猫背**…最も一般的な、背中が丸まる猫背。背中の筋肉のストレッチを。

②**首猫背**…パソコン作業でなりやすい、首を前に突き出した猫背。あごを引くように意識して。

③**腰猫背**…腰を中心に背中が曲がる。足を組んで座らないように注意。

④**お腹猫背**…反り腰になって背中が丸まる。腰を反らないで背筋を伸ばすように。

猫背でバストも下がる

猫背になると、肩が前に出る巻きこみ肩になりがちです。そうなると、呼吸が浅くなって気分が滅入るばかりか、肩の筋肉が硬くなるので猫背がさらに悪化し、バストも下がります。ひじを肩より上に上げられないと巻きこみ肩になっている可能性が。チェックしてみて。

正しい姿勢を作る【猫背改善ストレッチ】

肩甲骨周辺の硬くなった筋肉を緩めると同時に、首をストレッチ。胸が開き、呼吸がしやすくなります。

❶ 後ろで組んだ両手を持ち上げ、胸を広げます。肩甲骨まわりの硬くなった筋肉をほぐすイメージで、組んだ手をしっかりと引き上げましょう。

❷ ①の姿勢のまま、首を後ろにできるだけ倒します。首の前側とあごの下を伸ばすように意識しながら、そのままの姿勢をキープして深呼吸を５回します。

猫背でカメのように首を前に突き出した姿勢は、たるみや二重あご、肩こりなどの原因に。あご下や首の筋肉をしっかり伸ばせば、首やあごまわりの引き締めや肩こり予防になります。

現代人に多いIT猫背

パソコンやスマホを見るために前屈みになったりうつむいたりしていると、肩こりや腰痛だけでなく、体に様々なダメージが。日ごろから意識して姿勢を正すようにしましょう。

PC環境を整える

猫背でパソコン作業をしていると、ストレートネックになるおそれが。画面やキーボードは適切な位置に置き、イスは足の裏全体が床につく高さにしましょう。

軽めのコート&マフラーで

冬は寒さから猫背になりやすい上に、重いコートを着たりすると首や肩にかかる負担がより大きくなります。軽めのコートを選び、マフラーなどで首まわりを防寒して。

ストレートネックとは、本来緩やかなカーブを描く首の骨がまっすぐになってしまう状態。横から見てあごが突き出ていたら注意を。

スマホは目に近い高さで

画面を見るために下を向く角度が大きいほどスマホ猫背になりやすくなります。背筋を伸ばしてスマホを顔から30cmほど離し、目に近い高さで見るようにしましょう。

仰向けでのスマホ使用も手や胸などの筋肉に負担がかかるのでNG。快眠のためにも、寝る前のスマホは止めるように心がけて。

IT猫背に効く！ 肩甲骨引き寄せストレッチ

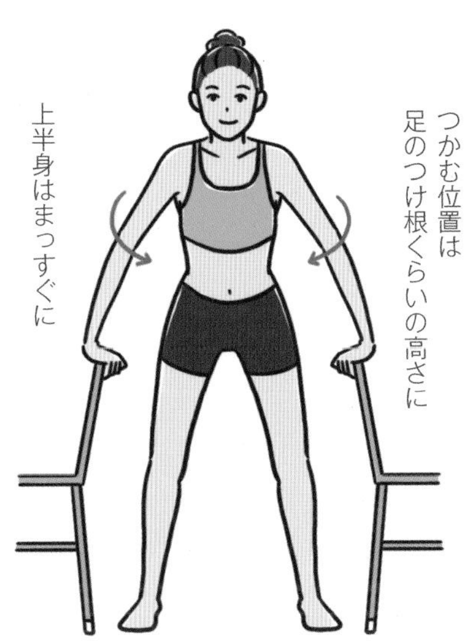

❶ イスとイスの間に、足を肩幅に開き、軽くひざを曲げて立ちます。手をひねって甲を内側に向けてイスの背をつかみます。

❷ 床と平行になるまで上半身を前に倒します。胸を突き出してそのまま５秒キープします。①の姿勢に戻し、３回行います

これはNG！

手の甲を外側に向けてイスをつかむと、上半身を倒す時に肩甲骨を引き寄せにくくなり、胸の筋肉を伸ばすことができません。

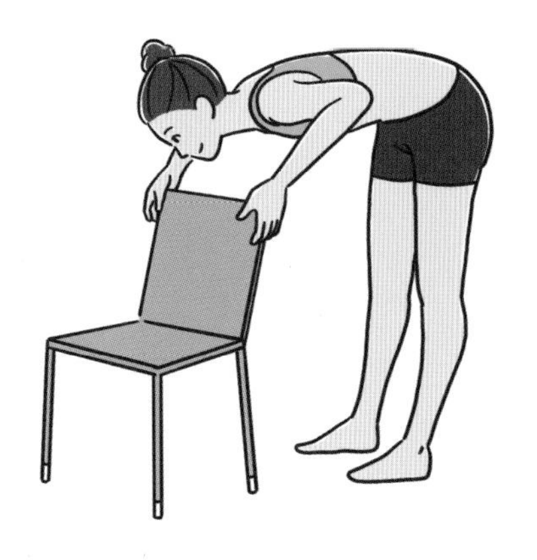

O脚・X脚

骨盤や足首のゆがみが曲がった足の原因

骨盤や足首がゆがむと、体のバランスを取るためにひざに不自然な力が加わります。O脚はひざに外へずれようとする力が、X脚は内へずれようとする力が加わった状態。治すには骨盤の傾きを正し、ひざにかかっている力を正す方向で動かすことが大切です。今は見た目だけの問題でも、将来、痛みや歩行障害につながることもあるので早めに対策を。

足をチェックしてみる

両足のかかとの間をこぶし1つ分開けて立ち、かかとの中心から前に伸ばした線と人差し指に伸ばした線の間が15度になるようにつま先を開き、ひざを曲げます。

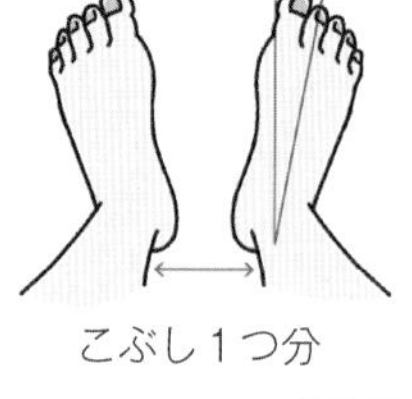

こぶし1つ分

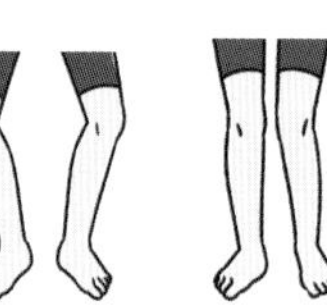
X脚はひざが内側に向く
O脚はひざが外側に向く

正しい姿勢で歩こう

外反母趾（がいはんぼし）や浮き指のせいで歩き方が悪いと足が曲がってしまうことが。外反母趾は足の親指が小指側に曲がっていること、浮き指は足の親指を甲側に押した時、90度以上反ること。正しい歩き方を身につけましょう。

ひざをいつもより1～2cm上げるように

重心はやや前に、足裏全体で着地

太ももの内・外を鍛える！【美脚運動】

O脚は内股の筋力を鍛えるストレッチを、X脚は太ももと腰まわりを柔軟にするストレッチを。キレイなラインの足を目指しましょう。

O脚をなおす

❶ 足を横に上げて、30cmくらいの高さの台などにのせます。手は軽く腰に当てます。前屈みにならないように。

❷ ①の状態から上体をゆっくりと横に倒します。胸を突き出して、太ももの内側を伸ばすように意識しながら5秒キープ。左右同じように行います。

X脚をなおす

❶ まっすぐに立った姿勢から足を大きく前に踏み出し、もう片方の足は後ろに伸ばしてひざから下を床につけます。手は床と踏み出したひざの上に置きます。

❷ 腰をひねり、お尻を床に近づけます。お尻に手を当て、伸ばした足の太ももの外側を伸ばすイメージで5秒キープ。左右同じように行います。

慢性疲労

疲れがたまる前に心身をリフレッシュ

疲れは体の異常や不調を知らせて「休め！」と警告するサイン。無視して疲れをためると、免疫力が落ちて風邪をひきやすくなったり、心の病を発症したり、心臓や脳の病気など深刻な事態に陥ることもあります。ストレッチや自分なりのストレス解消法で、こまめに心身のリフレッシュを。また、呼吸が浅いと疲れやすくなるので、深い呼吸を心がけましょう。

疲れの原因とは

ダイエットや偏った食事で栄養やエネルギーが不足すると疲れやすくなります。脳にかかるストレスで体が疲れるということもあります。適度な運動を心がけ、パソコンやスマホの使用はほどほどに。睡眠には1日の疲れをとるという大切な役割があるので、質のよい眠りを十分な時間とることも大切です。

自分の疲れ度を知ろう

疲れをためないためにも、自分の疲れ度を知ることが大切です。「疲労度チェックリスト」で調べてみましょう。

疲労度チェックリスト
https://www.med.osaka-cu.ac.jp/21coe/jikoshinndannhiroudo.html

代謝を上げる！【疲労回復ストレッチ】

全身疲労には骨盤を動かして腰周辺の血行をよくするストレッチが効果的です。体の硬い人にはキツイかもしれないので、無理のない範囲で行いましょう。

❶ 床に足を開いて座ります。右手で右足を体に引き寄せ、左足は伸ばして親指を左手で持ちます。

❷ ゆっくりと息を吸いながら、右手を真上に上げていきます。脇を伸ばし、上げた手は指先までピンとまっすぐ伸ばしましょう。

❸ ゆっくりと息を吐きながら、無理のない範囲で体を左に倒します。右手は体の外側から頭の上を通るように自然に伸ばします。できる人はこのまま 10 秒キープ。

❹ ゆっくりと息を吸いながら、体を起こし、リラックスします。左右同じように行います。

肩こり

血行改善とストレッチで肩の筋肉をほぐす

パソコン作業やスマホ操作による前屈みの姿勢、体の冷え、ストレスなどで血行が悪くなると、筋肉に乳酸という疲労物質がたまって肩こりを起こします。食事や入浴などで血行改善すると同時に、肩の筋肉と連動する複数の筋肉のストレッチで解消しましょう。特に腕の筋肉を整えると、肩にかかる負担を軽くすることができます。

腕のマッサージも効果的

パソコン作業などで腕が疲れると、筋肉のこりが肩まで伝わり、慢性的な肩こりになってしまいます。腕の末端から肩関節方向に順を追うようにほぐすと、こりや痛みを和らげることができます。手やひじをお湯につけて温める「腕湯（うでゆ）」も効果的です。

手首から肩に向かって
やさしくほぐしましょう

血行をよくする食べ物

血行がよければ肩はこりにくくなります。食べ物の栄養で血行をよくして身体の内側から肩こりになりにくい体質を目指しましょう。血行をよくする栄養素として代表的なのはアジやイワシなどの青魚に多く含まれるＥＰＡ・ＤＨＡ。大豆やアーモンドに多いビタミンＥも積極的にとりましょう。

肩をほぐして柔らかく！【肩こり予防体操】

肩の大きな筋肉、僧帽筋をほぐすストレッチです。痛みがひどくならないうちに行いましょう。猫背にも効果があります。

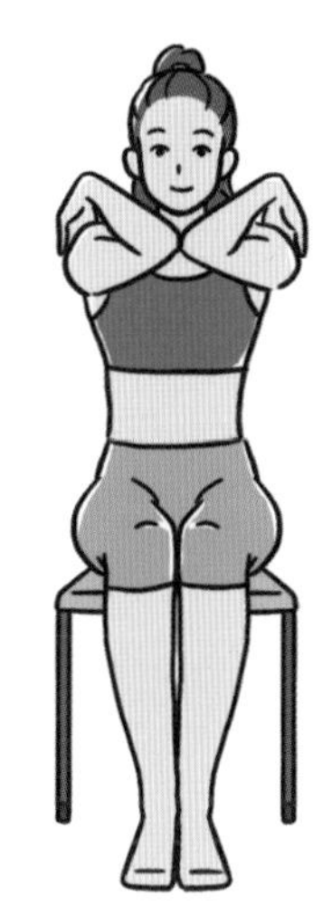

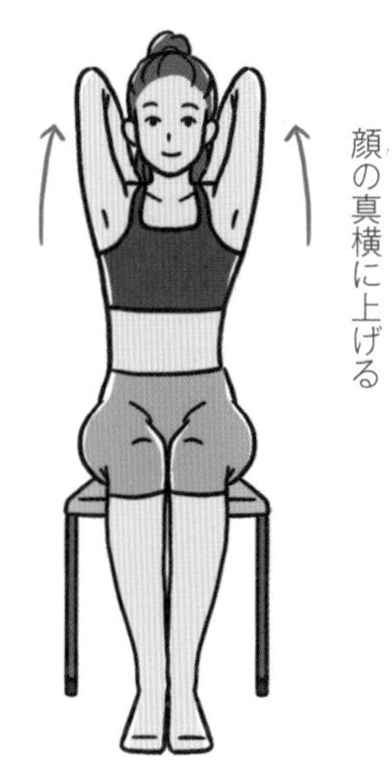

❶ 背骨と骨盤を意識しながら、背筋を伸ばしてイスに座り、肩に手を置きます。両ひじを胸より高い位置でくっつけます。

❷ くっつけたひじを離しながら、腕を顔の横に上げます。

❸ ひじを後ろに引きながら、大きく円を描くように、1周5秒ほどかけてゆっくりと回します。①～③を5回くらい繰り返します。立って行ってもOKです。

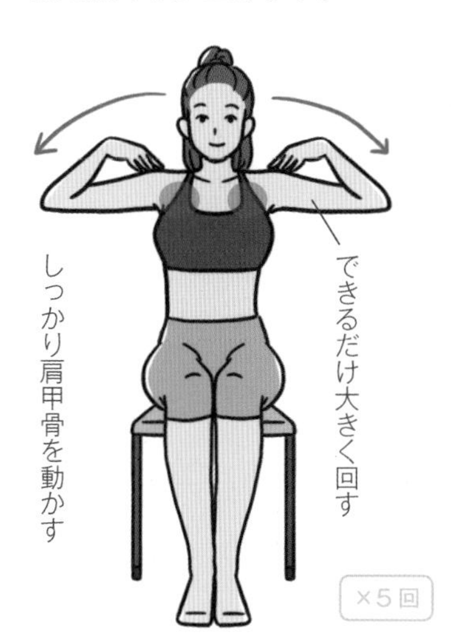

首をほぐして肩を楽に【肩こり解消ポーズ】

デスクワークなどで首を突き出した姿勢が長く続いて起こる肩こりに有効。首の後ろや肩をしっかり伸ばしましょう。首こり、頭痛などにも効果が期待できます。

❶ 背筋を伸ばしてまっすぐ立ち、頭に手をかけて頭を斜め前に軽く倒します。もう片方の手は自然に下ろします。

❷ ①の姿勢のまま、下ろしているほうの手の手首を外側に曲げ、肩ごと手のひらで床を押すようにします。

❸ 下げたほうの手をめいっぱい床を押すように下げて、胸を突き出します。首の付け根が伸びている感じがしたら、そのまま５秒キープ。左右同じように行います。

代謝アップにも効果的【肩こり予防ストレッチ】

両手を上げて背中の筋肉をしっかり伸ばしましょう。代謝を促すとともに、血行をよくして肩こりを予防できます。

❶ 正座した姿勢から床に手をついて体をゆっくり後ろに倒します。倒したら、両手を体の端に自然に伸ばします。キツい人は、ひざを少し浮かせても OK。

ここからは肩と手は
床から浮かさないように

❷ 両手を伸ばしたまま、床にするように頭の上方向に動かし、指を組みます。指を組むのが難しい人は、手首をつかみましょう。

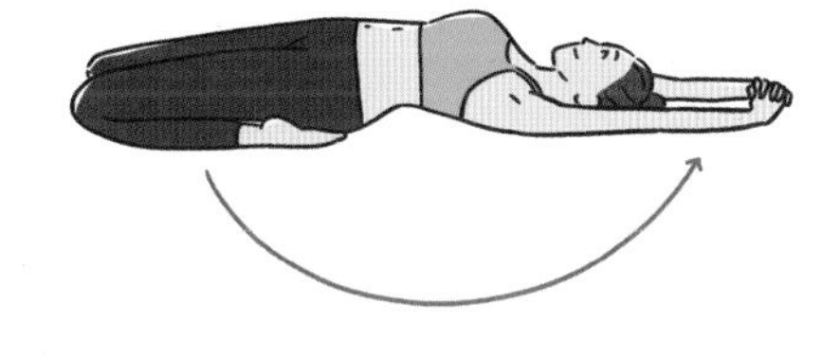

❸ 組んだ手をひっぱるように伸ばしながら体を片側に曲げます。めいっぱい曲げたら、そのまま 10 秒キープします。無理に大きく曲げて肩と手が床から離れると効果が薄れるので注意を。

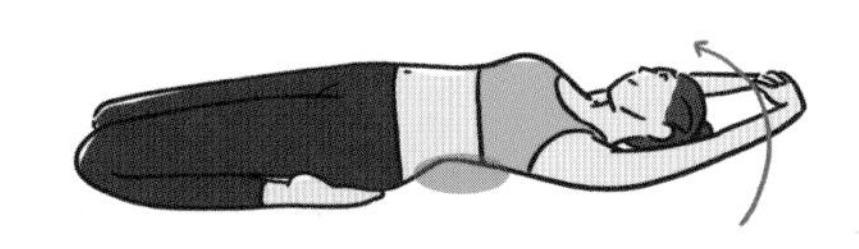

首や肩に力は入れない

❹ 元の姿勢にゆっくり戻します。左右同じように行います。曲げにくい側はより多く行うといいでしょう。

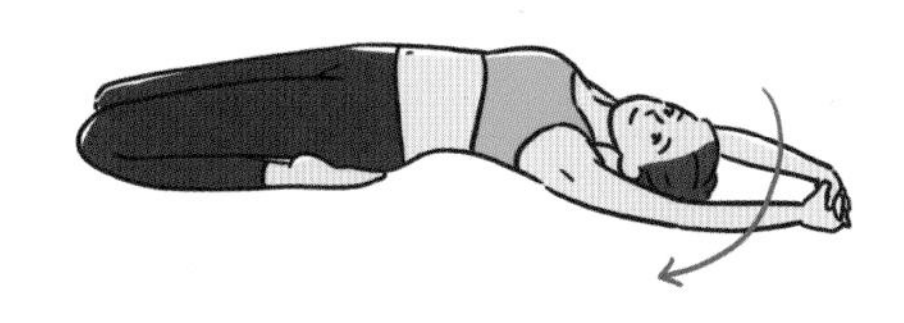

首こり

首のケアとともに肩こり対策も

首こりは肩こりと同様、頭を前に突き出すなどの悪い姿勢が主な原因。重い頭を支えるために、首は短く小さい筋肉がいくつも重なった繊細なつくりになっています。姿勢が悪いとその筋肉のバランスが崩れ、特定の筋肉ばかりが使われるため、こりや痛みにつながります。首のケアとともに、肩こり対策も行うとより効果的です。

首を冷やさない

暑い季節は薄着で寝たり、エアコンの効いた涼しい部屋にいることが多いので、首と肩が冷えやすくなります。冷えも首こりの原因の一つ。睡眠中は夏でも体温が1.5℃も下がるので、体を冷やさない服装で寝ましょう。タオルを首に巻くのもオススメです。

首がこると額にシワが

首や肩がこると、つながっている頭皮やおでこの筋肉も硬くなり、動かしにくくなってしまいます。そうなると、目を大きく見開いたり、顔を動かしたりする時、おでこに余計な力が入り、シワの原因になることが。正しい姿勢と簡単なストレッチで対策をしましょう。

首の疲れをとりのぞく【首こり解消2ポーズ】

首こりを解消するには、首の前側と胸の上の筋肉を一緒に伸ばすことが大切。首の筋肉はデリケートなので、無理に伸ばさないように注意。

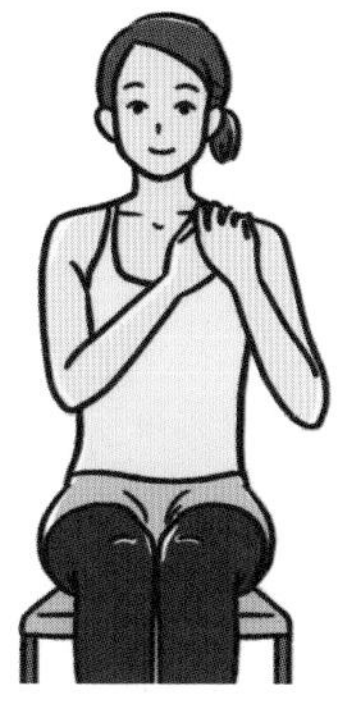

❶ イスに浅く腰かけ、背筋をまっすぐ伸ばして正面を向きます。両手で左側の鎖骨の下を押さえます。

❷ 顔を右に向け、首の左側を伸ばして7秒キープします。左右1回ずつ行います。

❶ イスに浅く腰かけ、背筋をまっすぐ伸ばして正面を向きます。両手を頭の後ろに置き、首を伸ばすイメージで頭を支えます。

❷ 両手を耳の横に置き、頭をゆっくりと前に倒して7秒キープ。この時、両ひじを近づけるようにすると効果的です。3回ほど行います。

腰痛

骨盤のゆがみトリと正しい姿勢で痛みを解消

無理な姿勢や腰に負担のかかる作業などで骨盤や背骨がゆがむと、腰の骨がずれて周辺の筋肉や神経が刺激され、腰痛が起こります。加齢による筋力の低下や腰の病気、内臓疾患なども腰痛の原因に。横座りはしない、重い荷物はひざをついて持ち上げるなど、腰に負担をかけない姿勢を心がけるとともに、ゆがみをとる運動で解消しましょう。

椎間板(ついかんばん)ヘルニアとは

腰痛を起こす病気といえば椎間板ヘルニアが代表的です。椎間板は背骨を作る骨と骨の間にある軟骨で、骨への衝撃を和らげるクッション材のようなもの。これがずれて神経を圧迫している状態が椎間板ヘルニアで、足の痛みやしびれ、歩行障害が出ることもあります。悪化すると手術が必要なことも。腰痛が長引いてどんどん悪くなっている場合は、専門医で診察を受けましょう。

腰痛にならない寝姿勢

腰痛改善に効果的な寝姿勢は、頭・背中・お尻・かかとの4点が寝床についたまっすぐな状態。ただし、ずっと同じ姿勢だと筋肉に負担がかかるので、適度な寝返りが必要です。寝返りを打ちやすい寝具を選んだり、腰にタオルを巻いて寝てみましょう。

腰への負担を軽くする【腰痛予防ストレッチ】

背筋を伸ばすために常に負担がかかっている背中の筋肉を緩めるストレッチです。寝る前と起きた時の習慣にしましょう。

❶ 仰向けに寝て、体の力を抜いてリラックスします。両手を軽く添えて、ひざを曲げます。

❷ ひざを抱え、背中を丸めるようにして顔の方に近づけます。この姿勢で３秒キープ。３回ほど行います。

目の疲れ

疲れが慢性化する前に早めのケアを

パソコンやスマホなど、近い距離でものを長く見ると目だけでなく、頭や首、肩などにも大きなダメージが。最近は明るい高輝度の画面が増えたことで、目にはさらに大きな負担がかかっています。

一時的な疲れなら休息や睡眠、マッサージなどで改善しますが、慢性化すると回復に時間がかかるので早めにケアしましょう。

正しい姿勢でPCワークを

パソコンやスマホの画面をじっと見ていると、自然とまばたきが減って、目の表面が乾くドライアイになりがち。目への負担を軽くするように、作業環境を整えましょう。

エアコンの風が直接当たらない位置に

画面と目の距離は40センチ以上

画面は顔よりやや下

疲れ目をラクにする食べもの

アントシアニンというポリフェノールを含むブルーベリーやワイン、黒豆には、強い抗酸化力があり、目や体を疲れにくくさせてくれます。また、「目のビタミン」ともいわれるビタミンAの多いうなぎ、ニンジン、卵黄なども積極的にとりましょう。

リンパを流して目をラクに【疲れ目予防運動】

首の筋肉をほぐすとリンパの流れがよくなるので、目の疲れを解消できます。簡単な運動なので、疲れ目に気がついたらするといいでしょう。

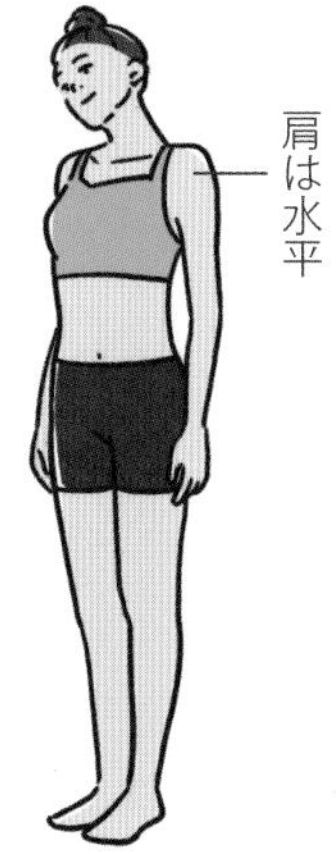

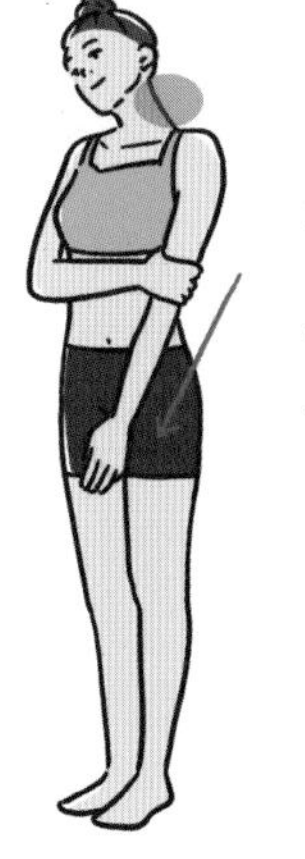

❶ 背筋を伸ばしてまっすぐ立ち、首の筋肉を伸ばすように意識しながら首を横にゆっくりと倒します。

❷ 右手で左手のひじを持ち、左手を下にひっぱりながら、首筋をさらに伸ばします。このまま7秒キープ。反対側も同じように行います。

「毛様体筋（もうようたいきん）」と「外眼筋（がいがんきん）」のこりが疲れ目の原因

目のピントを合わせるために水晶体の厚さを調節する「毛様体筋」と、見るもののほうに眼球を動かすための「外眼筋」。これらが硬くなると目が疲れやすくなります。１日２～３回のストレッチで予防を。

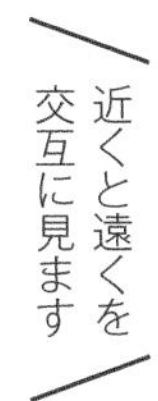

パソコンやスマホによる疲れ目対策

現代人はパソコン作業やスマホ操作で目を酷使しがち。近距離でものを見ている時間が長いと、近視が進むことも。視力に合ったメガネやコンタクトを選ぶことも疲れ目対策の一つです。

まばたき＆目を休ませる

まばたきは目の筋肉をほぐしてくれるので意識してするようにしましょう。ドライアイ予防にもなります。パソコンやスマホの使用中は１時間に10分程度は目を休ませて。

長い時間近くのモノを見ていると目の筋肉がこってしまいます。１時間に１回は遠くを見て筋肉を緩めましょう。

加湿器や水の入ったコップを置いて室内を乾燥させないようにするのも大切です

ホットタオルでリフレッシュ

蒸しタオルで目を温めると血行がよくなり、目の筋肉がほぐれます。リラックス効果もあるので眠る前にオススメ。目の充血や痛みがある時は冷たいタオルで。

ビタミンAには目の粘膜を潤し、乾燥を防ぐ働きもあります

抗酸化作用のある食べ物を

鮭やホウレンソウなど、抗酸化作用のあるアスタキサンチンやルテインを含む食材をとりましょう。ニンジンやトマトなどに多いビタミンAも疲れ目に効果的です。

目の体操で疲れ目をラクに！

ギュッパッ運動

目をギュッと閉じてパッと開きます。

グルグル運動

目を左右上下に回します。

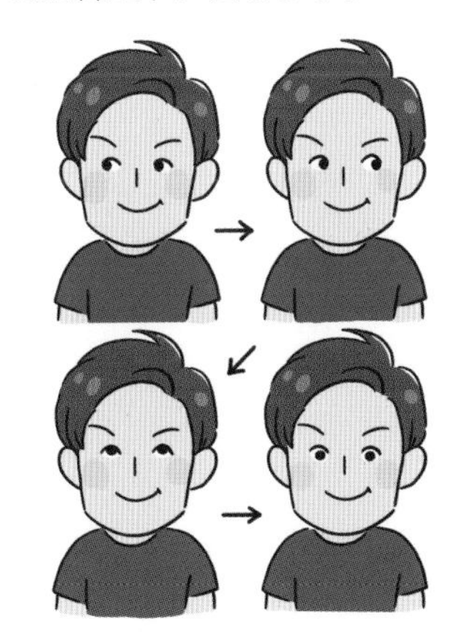

デジタル機器はなぜ目に悪い？

光を発する画面を近くで見つめると、目の周りの筋肉は緊張状態になります。長時間パソコンやスマホを使っているとその状態がずっと続くので、目がショボショボしたり痛くなったりするというわけ。また、画面から出るブルーライトは散乱しやすいため、目により負担がかかるとも言われています。

私って場違いよね
ピーン!!
勢いで行くって言ったけど…
芸能人も通うパーソナルトレーナーって…
ウジウジ
あれ？
佐藤さん？
コソ――…
どうしてココに？
!!
通っているの
STELLA GYM
筋トレは自己流にやるのとは雲泥の差よ～
吉田明美（54歳）
美魔女。
美容の講師として
日本中を飛び回り活躍中
何でも知ってる明美さんも通うんだ…
行くんでしょ!!
教えてもらってきなさい
はいっ
こんにちは！
体の気になるところありますか？
ポッコリお腹…
いえ…すべてです…
佐藤さんっ大丈夫です
自分史上最高のカラダを目指しましょう
サポートします!!
先生～!!

イタタタ
足のむくみもすごいんです
女性はヒールやパンプスでつま先重心で長時間歩くのでふくらはぎが張ってくる
足裏の感覚がない人も多いんです
実感できてない人が…
それじゃあむくみのストレッチからやりましょう
❶足の指の間に手をいれて、ギュッと握りしめる
❷もう一方の手で足首を押さえ、グルグル回す
むくみが取れて細くなったみたい
足の関節を柔らかくして血流をよくします
ふくらはぎも柔軟になり新陳代謝が上がりますよ
あー…
でもお腹のたるみを何とかしないと…

2カ月後
何だか最近体調がいい
慢性疲労もなくなったし
だけど腰回りのぜい肉はなくならない…
どんより
ポッコリお腹を何とかしたいんです
どうしてポッコリお腹になるか知っていますか?
痩せててもお腹が出てる人はいますよね
お腹の筋肉が衰えると内臓を支えきれずに
内臓下垂
胃や腸が下がりお腹が出てしまう
ポッコリお腹
この腹横筋(ふくおうきん)を鍛えると天然のコルセットを復活させるようなものなのです
腹横筋
=
インナーマッスル
ただ痩せればいいわけじゃないんですね

さあインナーマッスルを鍛えましょう!!
お腹の左右に手を当てると動きがよくわかります
お腹へこませストレッチ
❶仰向けに寝てひざを立てる
❷息をゆっくり吐きながらお腹をへこませる
❸お腹をへこませた状態をキープしながら浅い呼吸を繰り返す
❹10～30秒キープしたら元に戻す
お腹ねじりストレッチ
❶仰向けになり、手を横に広げる
❷片ひざを立て、反対側に倒す
❸30秒キープ
上半身はリラックスして力を抜きましょう。反対側の肩は床から離れないようにします。
お腹の筋肉を鍛えながら直腸も刺激される～
便秘にもききそー
休日
付き合って3年最近会ってないあゆみの彼
あれ?
ワン!
何だか雰囲気変わったね久々にご飯行こっか
イキイキしてるね
うん
そうだねじゃあ、また
やった♡
ギュッ♡

肌荒れ・吹き出物

姿勢を正して老廃物を排出しやすい体に

腕の疲れやストレスなどによる悪い姿勢で背中の筋肉が硬くなると汗や老廃物が出せなくなり、肌荒れや吹き出物ができやすくなります。乾燥やホルモンバランスの乱れ、金属や化粧品の刺激なども原因に。滞ったリンパの流れを活性化し、老廃物の排出を促す体操をして肌トラブルを解決しましょう。脂質や糖分、アルコールも控えめに。

肌トラブルの原因

大人のニキビや吹き出物は、ホルモンバランスの影響を受けやすい、あごや頬など口周りのUゾーンによくできます。乾燥肌、敏感肌の人は前髪の刺激や洗顔料の洗い残しなどで肌トラブルが起きることもあるので注意が必要です。

洗顔料やシャンプーの洗い残しなど

前髪の刺激など

胃腸の疲れや便秘など

バリア機能を高める

肌には本来、刺激から肌を守る「バリア機能」があります。肌の油分と水分のバランスが崩れてしまうと、このバリア機能が低下し、肌荒れの原因に。栄養のとれた食生活を心がけ、紫外線や乾燥、摩擦などから肌を守り、バリア機能を高めましょう。

ごしごし拭くのはNG!

リンパを流して老廃物を排出！【美肌体操】

肋骨を持ち上げて胸を開き、筋肉を緩める運動です。リンパの流れをよくして健やかな肌を保ちましょう。

❶ ひざ立ちになり、両足のつま先を合わせます。両手は下げて手のひらを下にして指を組みます。

❷ ひじを伸ばし、組んだ手を耳につく程度まで上げます。肋骨を持ち上げるようなイメージで、さらに手を上に伸ばし、体を左に少し傾けて７秒キープします。

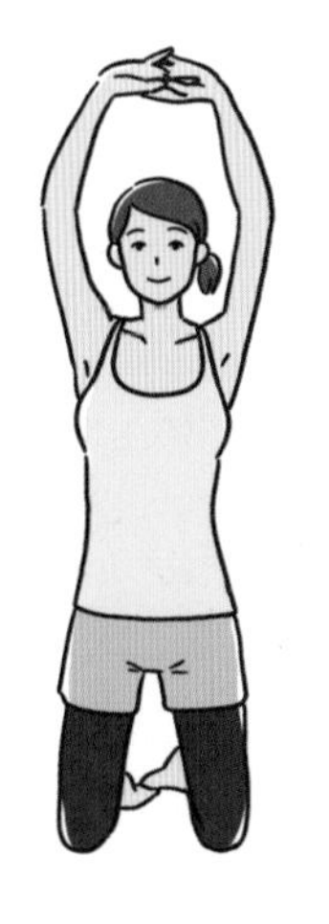

❸ 力を抜いて②の姿勢に戻ります。この時、大きく呼吸すると背筋や胸のあたりが伸びた感じがすれば効いている証拠。左右同じように行います。

便秘

食事で腸内環境を整え運動で腸を活発に

便秘には胃や腸の病気で起こるものと、偏った食生活や運動不足、ストレスによる自律神経の乱れなど病気以外の原因で起こるものがあります。女性の場合、ホルモンの関係で生理前や妊娠初期には便秘になりやすい傾向が。また、骨盤のゆがみによる胃腸の働きの低下も便秘の原因に。食生活を見直して腸内環境を整え、運動で腸を活発にしましょう。

「現代型」便秘とは

トイレを我慢することが多かったり、ダイエットで食事の量が不足していたりすると便が出にくくなります。こうした現代人に多い便秘を改善するには、排便を習慣づけ、会社や学校でも我慢しないことが大切です。

こんな人は注意！

腹筋を鍛える

女性が便秘しやすいのは、骨盤が広いので腸が垂れ下がり、便がたまりやすい上、便を出す筋力が弱いから。テレビを見ながら頭を上げるなど、簡単な運動で腹筋を鍛えましょう。また、排便スタイルは背骨と太ももの間が35度の前屈み姿勢がオススメです。

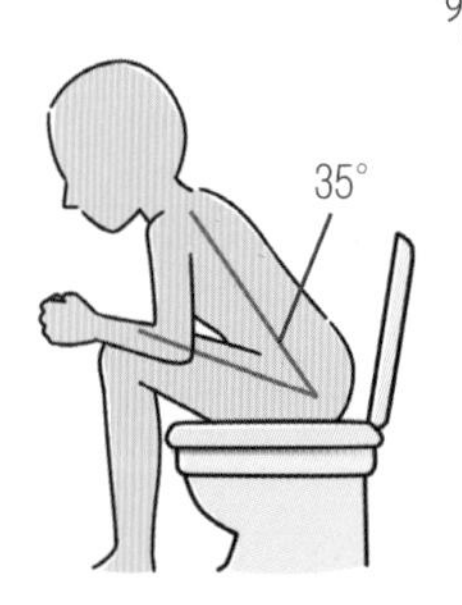

腸の働きを活発に！【便秘解消ポーズ】

足を上げてねじる動きは肝臓や腸の働きをよくして、老廃物を排出する効果があります。ゆっくりとした呼吸で体を動かしましょう。

❶両足をくっつけて、仰向けに寝ます。両手を横に伸ばし、手のひらは床につけます。

❷ゆっくり息を吸いながら、両足を床と直角になるように上げていきます。

❸ゆっくりと息を吐きながら、両足を右に下ろし、顔は左に向けます。息を吸いながら②の姿勢に戻し、反対側も同じようにねじります。できれば、ねじって床に足をつけた時に10秒キープするとより効果的。これを左右３回行います。

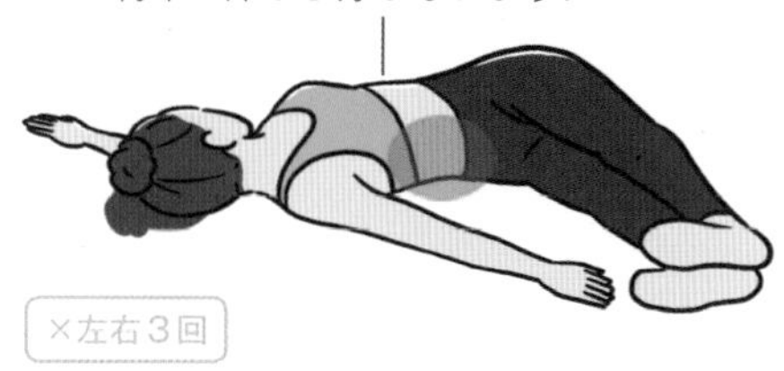

×左右３回

❹両足を伸ばし、仰向けの状態に戻ります。手をお腹に軽く当てて、ゆっくりとした呼吸でリラックスしましょう。

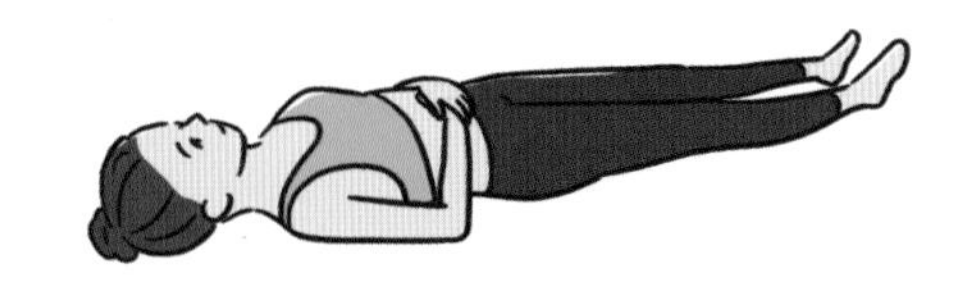

むくみ

減塩&ストレスフリーな生活で予防する

体内の水分バランスが崩れ、細胞と細胞の間に水が異常にたまるとむくみが生じます。主な原因は血流の低下。塩分のとりすぎも、体の塩分濃度を薄めるために水分をためこんでしまい、むくみの原因に。塩分控えめの食事を心がけ、十分な睡眠&適度な運動でストレスに負けない体づくりをすることが大切です。

仕事中に簡単エクササイズを

座っている時間が長いと、重力のせいで下半身に水がたまり、むくんでしまいます。電車の中や仕事中に少しでも足の運動を。

温・冷洗顔でむくみスッキリ

お酒を飲んだ翌朝に顔がむくむのは、アルコールで広がった血管から水分が漏れ出すため。また、塩分の強いおつまみなどのせいで、水を多く飲むから。顔のむくみ解消には冷水と温水で交互に洗顔するのが効果的です。

血液やリンパの流れを促進！【むくみ解消体操】

足のつけ根から大きく回すことでリンパや血液の流れがよくなるので、むくみが解消されます。寝る前に行うと効果的です。

❶ 仰向けに寝て両手を横に伸ばし、手のひらは床につけます。右足を上げて曲げます。

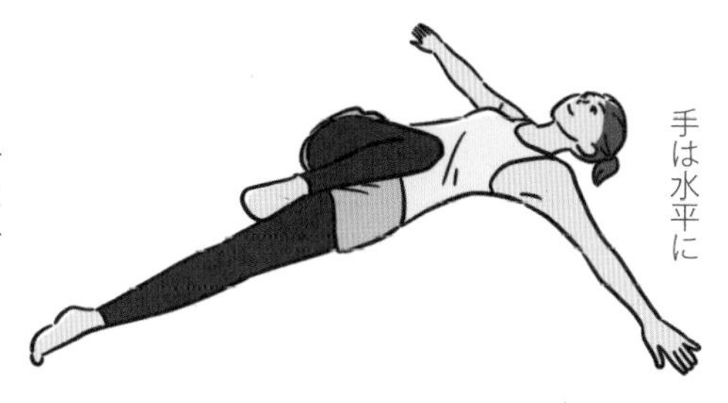

❷ 足のつけ根から動かすように、ゆっくりと右足を回します。

❸ ①の状態に戻してからまた回すという動きを５回繰り返します。左右同じように行います。

足のむくみ・疲れとり

足のむくみを放っておくと筋肉が硬くなり、足が太くなることも。食生活を見直して体内の水分をコントロールすること、こまめに足を動かすことが大切です。

足湯で血行促進

バケツなどに42℃前後のお湯を入れて、足首あたりまでつけます。足全体の血流がよくなり、たまっている老廃物や余分な水分が排出されるのでむくみの改善に。足湯には高ぶった神経を落ち着かせるリラックス効果もあります。

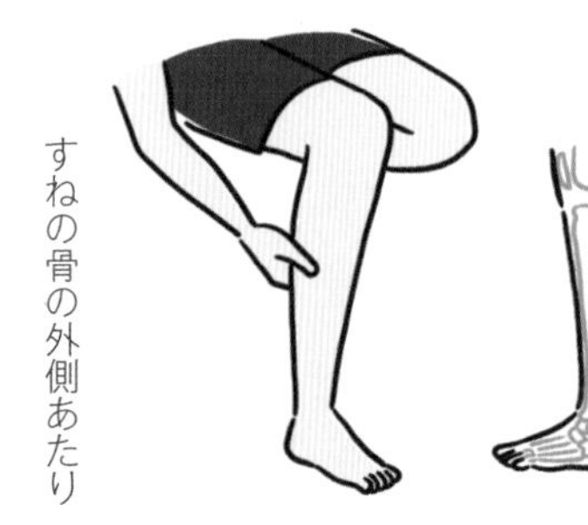

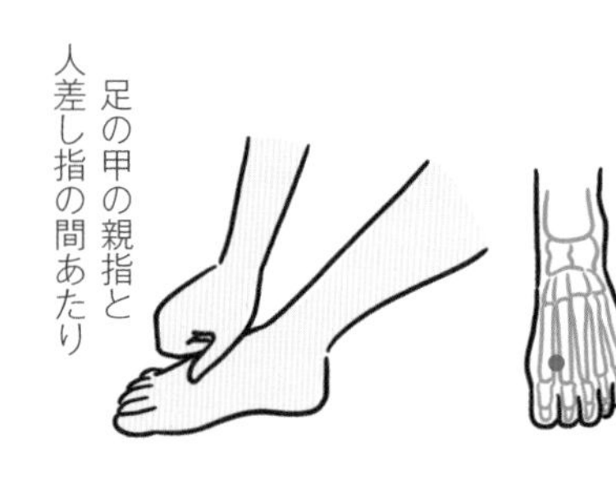

ツボ押し

ふくらはぎと足の甲には、むくみ改善に効果的なツボがあります。親指をツボに当てて、痛くない程度に垂直にゆっくりと押しましょう。

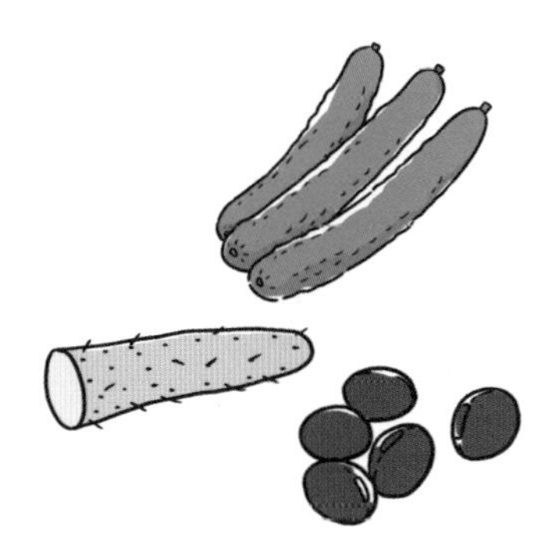

利尿作用のある食べ物を

利尿作用があり、体の余分な水分を出してくれるカリウムを含む食材を積極的にとりましょう。黒豆や大豆に多いサポニンもむくみ対策に有効です。たんぱく質や鉄分の不足もむくみの原因になるので、肉や魚も適量を。

塩分は控えめに

塩分のとりすぎはむくみの原因になります。だしをきかせたり素材の味を引き出す調理法を工夫しましょう。使うなら、精製された塩ではなく、ミネラルが豊富な「天然塩」を。

手足ぷるぷる運動

仰向けに寝て、手首・足首を小刻みに30秒間振ります。肩や腰に力を入れないようにしましょう。足の疲れの解消にも効果的です。

ストレス

生活習慣と運動でたまる前に発散！

ストレスの原因は、病気やケガ、環境や人間関係など、人によって様々。ホルモンバランスの変化や緊張による体のこわばりもストレスの要因になります。過度なストレスは心身の不調につながりやすいので、たまる前にうまく発散することが大切。日ごろからバランスのよい食事と十分な睡眠、心身をすっきりさせる運動を心がけましょう。

体を守る栄養素

ストレスに強い体を作るには、ビタミンB1、ビタミンC、カルシウムをたっぷりとって。

・ビタミンB1が多い食品
玄米、豚肉、たらこ、豆類、しいたけ、にんにくなど

・ビタミンCが多い食品
果物、芽キャベツ、カリフラワーなど

・カルシウムが多い食品
イワシなどの魚類、牛乳、チーズ、かいわれ大根、かぶ、豆類など

深い呼吸でリラックス

イライラや不安が募ると、肩や胸だけを使う浅い呼吸になりがちです。ストレスを感じた時こそ、お腹でゆっくりと深い呼吸を。

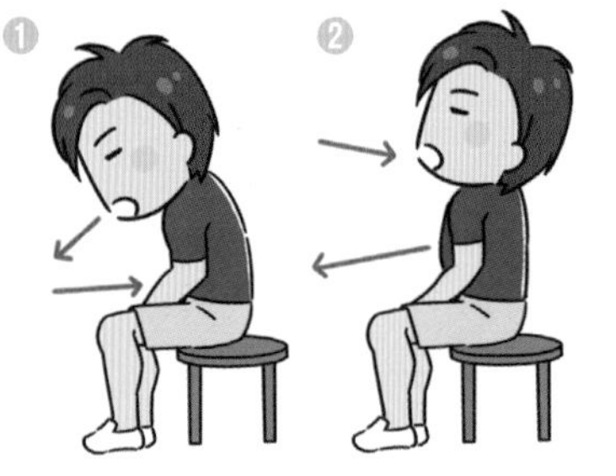

❶お腹を引っ込めながら、ゆっくりと息を吐ききります。❷お腹をふくらませながら、すばやく息を吸います。

気分をリフレッシュ！【ストレス解消ポーズ】

ストレスで縮こまった肩や背中をしっかりと伸ばしましょう。気分がスッキリして前向きになれます。

❶ 壁の前に横向きに立ち、ひじを肩の高さまで上げて壁に当てます。反対側の手は軽く腰に当てます。

❷ 肩甲骨を引き寄せるように体をひねり、胸を突き出します。胸の筋肉が伸びている感じがしたら、そのまま５秒キープ。左右同じように行います。

イヤなことがあった時、お酒を飲んで紛らわすのはよい方法とはいえません。神経が興奮して眠れなくなり、心身に不調が起きるおそれが。自然の中でぼんやりする、好きな音楽を聴くなど、自分なりのストレス発散方法を見つけましょう。

アロマでストレスを上手に軽減

アロマの香りは自律神経やホルモンバランスを整え、体の緊張をほぐして気持ちを落ち着かせてくれます。使用法に注意しながら、好きな香りを生活にとり入れましょう。

症状別オススメのアロマ

アロマ	効能	注意
心がザワザワする時 ラベンダー 	緊張やストレスを和らげ、落ち着かせてくれます。神経性の消化器症状や、頭痛、生理痛などの痛みを和らげる効果も。	眠くなることがあるので、仕事中や運転中の使用には注意を。妊娠中も避けましょう。
疲れがとれない時 スイート・オレンジ 	血流をよくして体を温めます。冷えやむくみ、肩こりの改善、リフレッシュ効果も。	肌につけて日光に当たるとかぶれや色素沈着を起こすことがあるので、日中の使用は避けましょう。
集中力が続かない時 ローズマリー 	脳に刺激を与え、眠気を覚まします。ストレス解消、筋肉痛の軽減、肌のたるみ・むくみ解消にも効果的。	香りが強く皮膚への刺激があるため、必ず薄めて。病気のある人や妊娠中は避けましょう。
気分が落ち込んだ時 ゼラニウム 	沈んだ気分を和らげ、明るくしてくれます。生理痛や更年期障害など女性特有の不調改善にも効果的。	肌の弱い人は薄めてマッサージを。妊娠中は避けましょう。

アロマバス

好きな精油（エッセンシャルオイル）をバスタブの中に落とし、よくかき混ぜてからお湯につかります。入れすぎると肌が赤くなったりヒリヒリしたりすることがあるので、オイルは3～5滴にしましょう。

アロママッサージ

精油とキャリアオイルと呼ばれる植物油を混ぜて使います。キャリアオイルに対する精油の割合は1％以下に（キャリアオイルが50㎖なら精油は10滴以下）。混ぜる時はガラスのビーカーとガラス棒を使い、遮光ガラスのビンに入れて保管します。香りとマッサージの相乗効果で極上のリラックス感が味わえます。

手軽にアロマ

ティッシュやガーゼに精油を含ませてブラジャーの間に挟んだり、ハンカチにつけて持ち歩いたりすれば、いつでも手軽にアロマが楽しめます。ベッドサイドに置けば、簡易アロマディフューザーに。

不眠

不眠による不調が1カ月以上続いたら病院へ

心配事や環境の変化などで眠れない、というのはよくある話。不眠が続くと、日中に眠気や倦怠感、やる気や集中力の低下、めまい、食欲不振など、様々なトラブルが起きます。普通は数日で改善しますが、不調が1カ月以上続き、そのために生活に支障が出ている場合は「不眠症」の可能性があるので診察を受けましょう。

快眠のコツ

・一定の時間に寝て、起きる
・睡眠時間にこだわらない
・朝、太陽を浴びる
・適度な運動
・自分流のストレス解消法、リラックス法を見つける
・寝室環境を整える

42℃くらいのお湯に手首までつけるとリラックスできます

パジャマ選びも大切

眠りの質は、寝る時に着るものによっても大きく変わってきます。パーカーやスウェットなどはゴワゴワして寝心地が悪いので、ちゃんとパジャマに着替えましょう。綿やシルク、オーガニックコットンなど、吸湿性と保湿性のよい生地で、体を締めつけないデザインのものを。

長そで長ズボン、
ゆったりしたデザイン、
夏は通気性、
冬は保温性のよい生地

体を温め、快眠に導く！【不眠解消運動】

足を曲げ伸ばしして、全身の循環を促す運動です。体が冷えてよく眠れない人にオススメ。お風呂上がりや寝る前に行いましょう。

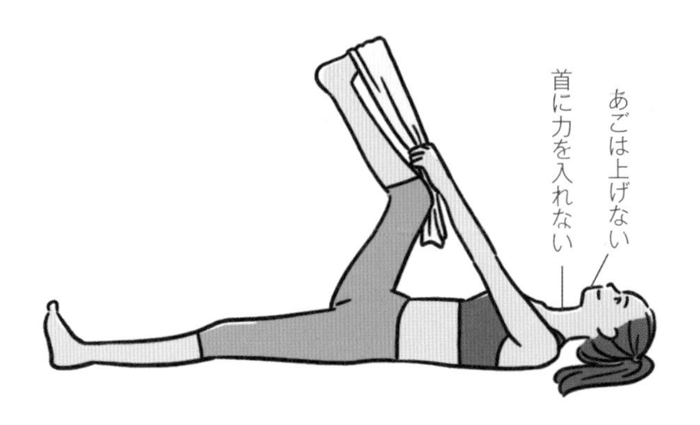

❶ 仰向けに寝て、片足を上げます。上げた足の土踏まずの辺りにタオルを引っかけ、タオルの両端を手で持ちます。

❷ かかとを押し出すように足を伸ばして、タオルを手前に引きます。足の裏側全体が伸びた感じがしたら、ゆっくりと呼吸をしながら 10 秒キープ。足を伸ばすのがキツいなら、ひざを曲げても OK。左右同じように行います。

寝る前５分の快眠ストレッチ

寝る前に、肩や背中などの大きな筋肉をほぐして疲れをとりましょう。血行がよくなり、快眠できるだけでなく、心身のストレス解消にもなります。できるポーズだけでもOK！

❶ ひざを少し曲げて座り、両手を足首に添えて上半身を倒します。

❷ ①のポーズからひざをまっすぐに伸ばし、両手でつま先を持ちます。

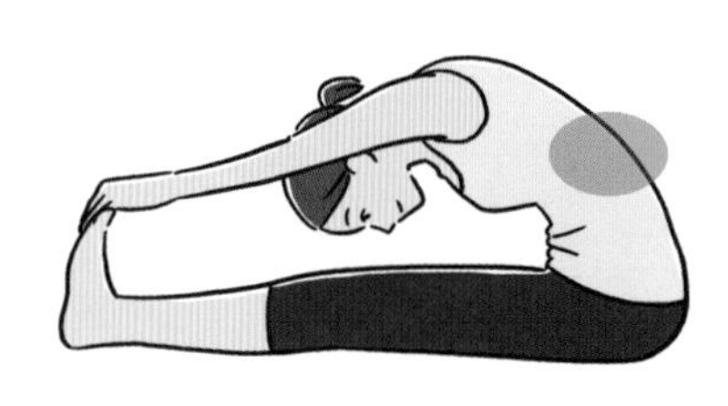

❸ ②のポーズから背中を丸め、できる範囲で上半身を前に倒します。

❹ ④～⑧はあぐらをかいて座った状態で行います。両手を組んで腕を前に伸ばします。

❺ 片手を後ろに回して腰に当て、反対側の手を頭に当てて斜め前に倒します。左右同じように行います。

❻ 手を後ろで組んで、胸を突き出します。

❼ 両手を頭頂部に当て、頭を前に倒します。

❽ 左右交互に、首を回します。

❾ うつぶせになり、両手で床を押すようにして上半身を起こします。

❿ ⑨のポーズから仰向けになり、片足を曲げます。顔と腰を反対方向に向け、上半身をねじって脇腹を伸ばします。

手足の冷え

体を温めて筋肉量を増やす

「冷えは万病の元」と言われる通り、頭痛や腰痛、肩こり、生理不順など様々な不調の原因になります。特に心臓から遠い場所にある手足は冷えやすく、また、女性や運動不足の人も筋肉が少ないので冷えやすいといえます。対策は、生活習慣の改善や食事で体を温め、血行をよくして自律神経の働きを整えること。運動で筋肉を増やすのも大切です。

冷えの原因を知ろう

冷えの原因は主に次の5つ。①自律神経の乱れなどからくる「血行不良」、②手足まで熱が届かない「末端冷え」、③内臓の熱が奪われている「内臓冷え」、④熱を生むための筋肉が足りない「筋肉不足」、⑤皮膚から体温が逃げる「薄着」。

冷えに効果的な食べ物

血行や代謝を促進する栄養素を積極的にとりましょう。

- **血行を促し、女性ホルモンを調整する「ビタミンE」**…ウナギ、アーモンドなど
- **代謝をアップし、エネルギーを作る「ビタミンB1」**…豚肉、卵など
- **代謝を促し、自律神経を整える「パントテン酸」**…レバー、大豆など
- **鉄分の吸収をよくして毛細血管の働きを保つ「ビタミンC」**…果物、緑黄色野菜など

新陳代謝をアップ！【冷え撃退ポーズ】

ねじりとストレッチを組み合わせた動きでお腹の筋肉を刺激し、冷えを解消します。キツイ人は、床ではなくイスに手をついて行ってもOK。

❶ 両足を大きく広げて立ち、右足のつま先を外側へ、左足のつま先を正面に向けます。両手をまっすぐ横に伸ばし、首を右にねじります。

❷ 息を吐きながらゆっくりと腰を右にねじります。

❸ 右手を腰に当て、上半身を右足方向に倒し、左手は右足の外側の床につけます。

❹ 右手をまっすぐ上に伸ばし、上半身が横を向くように腰を右にねじります。自然な呼吸をしながら10秒キープ。息を吸いながら①のポーズに戻ります。反対側も同じように行います。

美と健康を作るバスタイム術

入浴には血行促進、デトックス、冷え改善、リラックス、快眠に導くなど様々なメリットがあります。お湯の温度やつかる時間によって効果が変わるので、目的に合った入浴法を選びましょう。

リラックスしたい時

夏なら38℃くらい、冬なら40℃くらいのぬるめのお湯に15～20分ゆっくりつかって体の芯まで温めましょう。副交感神経が優位に働くので精神が落ち着いて緊張がほぐれ、筋肉も緩みます。ストレス疲れや生理中のイライラにも。

朝シャキッとしたい時

42℃以上の熱めのお湯に5分程度つかると、交感神経が刺激されて体が目覚めます。ただし、熱いお湯は体力を消耗するので長湯はNG。血圧の急上昇や立ちくらみのおそれもあるので注意を。心臓や循環器系に問題のある人は止めましょう。

入浴前には必ず1杯の水を飲むことを習慣にしましょう。お風呂では気がつかないうちに大量の汗をかくため、血液粘度が高まりドロドロに。水分補給をすることで、バスタイムのリフレッシュ効果も上がります。

体が冷えた時

バスソルトやアロマオイルを入れると、保水力が強くなり体が芯まで温まります。腸内環境やお肌の調子も改善します。

肩こり・腰痛を改善したい時

シャワーを温冷交互に肩や腰に２分ずつ当て、３回くり返します。血管が広がり血行が一気によくなることで、痛みや疲労が解消します。最後は冷水で終えるのがポイントです。

ダイエットに役立てたい時

温冷交代浴がオススメ。熱いお湯で血管が広がり、冷たい水で血管が縮みます。これを繰り返すことで血流がよくなり、体温が上がるので基礎代謝量がアップして痩せやすい体になることが期待できます。

40℃前後のお湯に３分→シャワーで冷水を足に 30 秒ほど。これを５回ほど繰り返します。心臓や循環器系に問題のある人や体調の悪い時は止めましょう。

足のむくみをとりたい時

お湯に浸かって脚を伸ばし、上下にバタ足をします。20 ～ 50 回くり返せば、水圧で滞った体の巡りがよくなり、むくみが解消します。

安眠したい時

ぐっすり眠るには一旦身体を温めて就寝に向けて深部体温を下げると◎。入浴は就寝の１時間前に。40℃以上のお湯の場合は２時間前に。

会社
ありがとー！
資料です
最近、明らかにキレイになったわね
フフッ
若いっていいわね
そうですね…
早乙女社長（年齢不詳）
美を愛するオネエ社長
ガチャッ
ハッ!!
すっかり中年体型だわっ
常に睡眠不足で目がうつろ
疲れ顔
ツヤのない肌
子供の付けたシミ
ぽっこりお腹
はぁ……

↓正しいスクワットは41ページ参照

→ P126 膣締め体操参照

休日
家事の合間をぬって
膣トレ
90秒×3セット
膣を締めて
つま先立ちする
お尻にペンを挟んで
上斜め45°にキープ
太ももにペットボトルを
挟んで膣を締める
夜
肩を真下に
落とす
30秒×3セット
ママー
お相撲さんみたい
サッ
スカッ
アレ??
投げとばし～
すごーい
よく続くなぁ～
ママは
お相撲さんに
なるんだよ
違う
けどね

女性ホルモンの乱れ

生理トラブルや不妊、美容に悪影響が出ることも

女性ホルモンは卵巣から一定の周期で分泌されますが、それが乱れると生理に異常が起きたり、不妊や更年期トラブルにつながることも。さらに、自律神経の乱れや免疫力低下、肌荒れや抜け毛など美容に悪影響を及ぼすこともあります。ストレスや不規則な生活、過度なダイエットなど、原因となる生活習慣を改めるようにしましょう。

女性ホルモンの役割

女性ホルモンには次の2つがあり、それぞれ働きが異なります。これらがバランスよく分泌されるのが理想です。

・**エストロゲン**…「美のホルモン」。肌や髪をツヤツヤにしたり、バストを豊かにしてくびれのある女性らしい体を作る。

・**プロゲステロン**…「母のホルモン」。子宮内膜を厚くしたり、体温を上げるなど、妊娠を助ける働きをする。

体と心、両方のケアを

女性ホルモンの分泌を整えるには、お風呂でお湯につかる、首や足首を温めるなど、まずは体を冷やさない工夫を。また、ストレスをためないように体を動かす、ワクワクできることをするなど、精神面のケアも大切です。

ドキドキやワクワクはエストロゲンの分泌を促します

ホルモンバランスを整える！【猫のポーズ】

ストレスがたまると背中の筋肉が硬くなります。猫のようなポーズでしっかりと伸ばして、女性ホルモンの分泌を促しましょう。

❶ 肩幅に手と足を広げ、お尻を突き出すようにして四つん這いになります。

❷ 息を吐きながら頭を下げ、お腹を見るようにして背中を丸めます。そのままの姿勢で10秒キープ。

❸ 息を吸いながら、顔を上げ、胸を広げるように意識しながら背中を反らします。そのままの姿勢で10秒キープ。②～③を5回くり返します。

月経不順

過度なダイエットやストレスなどが原因に

月経不順は、過度なダイエットや偏った食生活、ストレスによる女性ホルモンの乱れ、骨盤のゆがみなどから起こります。30代後半からは卵巣機能の低下が原因になることも。妊娠や閉経以外の場合は病気が隠れている可能性もあるので注意が必要です。ストレス解消と栄養バランスのとれた食事、ゆがみトリで正常な周期に戻しましょう。

症状が続くなら病院へ

正常な月経周期は25~38日。39日以上なら稀発(きはつ)月経、24日以内なら頻発月経といいます。月経が3カ月以上ない無月経や、月経以外の出血などの症状が頻繁、長期に続くなら診察を。

基礎体温をつけよう

基礎体温を測って記録しておくと、排卵の有無や排卵日、生理予定日や周期、妊娠などの変化をいち早く知ることができます。また、診察を受ける時の資料にもなるので、生理管理アプリなどを利用して基礎体温を測る習慣をつけておきましょう。

骨盤のゆがみをとる【月経不順解消体操】

股関節を伸ばすことで骨盤のゆがみをとって血流をよくします。生理時の腰のだるさや痛みにも効果的です。

❶ 両足の裏を合わせ、ひざは自然に開いて座ります。両手で足首あたりを軽く押さえます。

❷ 上半身をまっすぐにしたまま、ゆっくりと前に倒します。キツい人は、ここでストップしましょう。

❸ さらに上半身を倒し、両手を前に伸ばして床につけます。苦しくない程度に倒した状態で10秒キープします。無理をすると腰を傷める原因になるので注意を。

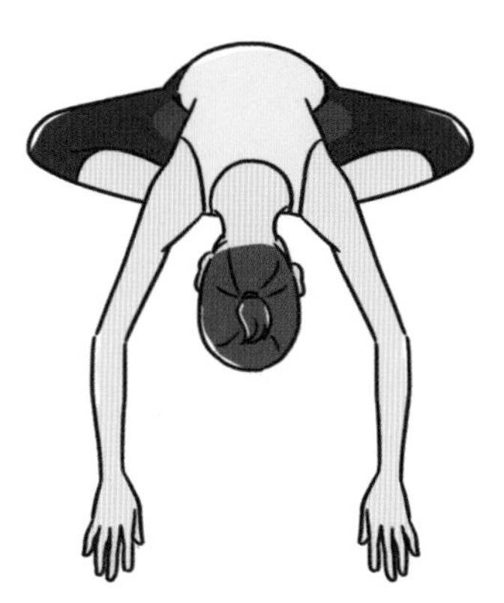

PMS（月経前症候群）

自己管理と心身のケアで症状を和らげる

PMSは、月経の2週間前頃から起こる様々な不調のこと。頭痛や肩こり、むくみ、便秘、だるさなど体の症状だけでなく、イライラする、気分が滅入るなど、メンタル面でも問題が起きて生活に支障をきたすことも。基礎体温をつけて不調の出る時期を知り、生活習慣や食事、リラックス法で体調を整えながら辛い期間を乗り越えましょう。

ストレスの多い人はなりやすい

PMSに特になりやすいのは、子育てや仕事などでストレスの多い20代後半～30代前半の人。几帳面で完璧主義な人ほど症状が強くなる傾向が。普段よりもゆっくり過ごすように心がけましょう。

時には息抜きも必要です

生活習慣と食生活で改善

ストレスが多い人は、家事を手伝ってもらう、仕事を減らすなど、ストレスの原因を減らす方法を考えることが大切。忙しくても入浴やアロマ、エステなど、自分がリラックスできる時間を作るようにしましょう。また、生活のリズムを整え、3食きちんとバランスよく食べることも大切。体の機能を調整する働きをするビタミンやミネラルを積極的にとりましょう。

イライラを和らげる！【PMS解消ストレッチ】

体の側面を伸ばすことでエネルギーの通り道を刺激して、イライラを和らげます。生理痛にも効果的です。

❶ 背筋を伸ばして床に座り、足をできるだけ大きく広げます。両手を組んで頭の上に伸ばしたら、手のひらを返して天井に向けます。

❷ 手をできるだけ遠くに伸ばすようにして上半身を横に倒します。体の側面が伸びている感じがしたら、そのまま5秒キープ。左右同じように行います。

こんな食生活はPMSになりやすい

生理が近づくとイライラして、「お菓子を食べてストレス発散！」という人も多いでしょう。でも、甘いものや添加物の多いスナックを食べすぎると、肥満の原因になるばかりか、体の巡りが悪くなってPMSの症状が出やすくなることも。食生活を見直すのも予防の一つです。

生理痛

冷え対策とゆがみトリで痛みを軽く

下腹部や腰が痛くなる生理痛は、子宮が経血を押し出そうと収縮し、その時に痛み物質が分泌されるために起こります。痛みは年齢や体調などにより差があり、下半身の冷えやストレス、骨盤のゆがみが痛みを強めることも。毎回寝こんでしまうほどの痛みが続く場合は、病気が隠れている可能性があるので早めに診察を受けましょう。

血行改善＆下半身温めで

体が冷えると血行が悪くなり子宮の筋肉が硬くなったり、骨盤内でうっ血が起きたりするため、痛みが強まることが。首や手首、足首をカバーする服装を心がけ、お風呂や足湯で体をしっかり温めて。使い捨てカイロで下腹部や腰を集中的に温めるのも◎。

しょうがで体ポカポカ
ジンジャーティー
カイロ
ひざかけ
レッグウォーマー

痛みを和らげる食材

生理痛には、体を温めて血行をよくするしょうがなどを。女性ホルモンに似た働きをするイソフラボンを含む大豆食品もホルモンバランスを整えるのでオススメ。良質なたんぱく質を含む鶏肉や牛肉、青魚も体調を整えてくれます。

体を温める鍋料理が◎

血の流れをスムーズに！【生理痛改善運動】

子宮周辺の筋肉をほぐして骨盤のゆがみをとる運動です。冷え症にも効くので、日常的に行うようにするといいでしょう。

① 止座して右ひざを立てます。両手を床につけ、少し前屈みになります。

② 左足だけ後ろに伸ばして甲を床につけます。体を前に倒し、息を吐きます。

③ 息を吸いながら体を起こして顔を天井に向け、左足をしっかり後ろに伸ばします。そのままの姿勢で10秒キープ。できる人は、胸を突き出し、首の前側を伸ばすようにさらに体を反らしましょう。息を吐きながら②の姿勢に戻ります。左右同じように行います。

すき間時間にできる「膣(ちつ)締め体操」

加齢や出産などにより、子宮や骨盤などを支えている筋肉が弱くなると、尿もれや頻尿などの尿トラブルが起こりやすくなります。ペットボトルを使ってインナーマッスルを鍛えましょう。

立って膣トレ

❶ペットボトルを股に挟み、かかとをつけてつま先を少し開いて立ちます。手は腰に当て、膣を締めたまま、上半身を左右に5回ひねります。

❷①のポーズのまま、腰をゆっくりと左右に5回回します。

❸膣を締めたまま、ペットボトルが落ちないようにゆっくりと前に10歩歩きます。

chapter

3

筋肉を育てる食事

※たんぱく質と炭水化物の1日の摂取量は、体重1kgあたりに必要な量を1gと換算して、約1.5倍を目安にしましょう。

たんぱく質って
どうして
必要なんですか?
ヒトのカラダを構成する成分
脂質・糖質
その他
たんぱく質
約20%
皮膚・目・
髪の毛・
筋肉など
水分 60%
筋肉は使う→壊れる→修復する
というサイクルを繰り返す
ことで大きくなります
筋肉の材料として
重要なたんぱく質は
ちゃんととってくださいね
糖質オフって
よく言われるけど…
炭水化物は
とっていいの?
タンパク質 炭水化物
イメージとしてはたんぱく質と
同じくらいの量をとってほしい
体重50kgの人は
×1.5倍で75g
10g×7個分
低GI値の食品だと
血糖値コントロールが
できておすすめです
GI値
高
上白糖
食パン
チョコレート
じゃがいも
精白米
中
カステラ
パスタ
アイスクリーム
かぼちゃ
そば
低
玄米
さつまいも
ライ麦パン
豆腐
卵
フルーツ
ヨーグルト
アーモンド
SUGAR
GI値が低めの
蜂蜜などで
代用しよう
めん類で
一番低い
食物繊維が
多いので低め
ナッツ類は
低め

筋肉に脂質(油)がいいんですか？
唐揚げや揚げ物なんかも油をよいものに変えることをおすすめします(↓152ページ参照)
へぇ〜意外〜
oil
動物性より植物性を意識してとるように
効率のよいエネルギー源になるほかホルモンや細胞の材料になりますよ
コレステロールや中性脂肪の原因になる食品
バター
ラード
肉脂
ラード
飽和脂肪酸
酸化しにくく脂肪になりにくい食品
えごま油
NUTS
OLIVE oil
えごま油
ナッツ油
オリーブ油
鯖
青魚の脂
不飽和脂肪酸

毎日の朝ごはんが変わった
チュン チュン
ローストビーフ
豚肉よりは牛肉。赤身肉
フルーツ
朝食にはおすすめ
ギリシャヨーグルト
脂質が少なくて高タンパク質
鶏むね肉のスープ
脂質が低くヘルシー
お魚のカルパッチョ
お魚は生
あっと食べる前に
スマホ スマホ～
パシャッ
送信♪
よしっ
朝ごはんはしっかり食べてます(^_^)
調理法も守っています。
朝ごはんはしっかり食べてます(^_^)
調理法も守っています。
いいですね。
ポローン
やった。
でも、量が多過ぎ！
カロリーオーバーです。
スミマセン…

筋肉を育てる食べ方

たんぱく質＋筋トレが筋肉づくりのカギ

肌や髪の毛と同じように、筋肉もアミノ酸の集合体であるたんぱく質から作られます。筋肉は日々、できては壊れるを繰り返していて、2～3カ月で新しいものに入れ替わります。他の臓器と違って筋肉は鍛えれば10歳、20歳若返ることも。筋トレと、適切な食事で若々しい筋肉を手に入れましょう。

3食20グラム以上のたんぱく質を

筋肉の元になるたんぱく質は、魚、肉、卵、大豆製品、乳製品、米、パスタなどに含まれています。1日の摂取量の目安は成人女性なら体重1キロ当たり1グラムで、毎食均等にとるのが理想的。60キロの人なら1日60グラム、朝昼夕に20グラムずつとるようにします。筋トレなどの運動をする時は、その1.5倍を目安にしましょう。

朝こそたんぱく質をしっかり補う

筋肉は、材料になるたんぱく質が合成されると作られ、分解されると壊れます。就寝中は分解に傾くので、朝こそたんぱく質をしっかりとりましょう。忙しければ缶詰を使うなどの工夫を。

ビタミンDとコラーゲンで強い筋肉を

魚やキノコに多いビタミンDには骨を丈夫にし、筋肉を増やす働きがあります。また、スッポン、手羽先、牛スジなどに多く含まれるコラーゲンも丈夫な筋肉づくりに効果的。美肌・美髪にもうれしい食材です。

食事は筋トレ後が効果的

筋肉は食事や運動をすると作られますが、効率的に筋肉を増やしたいなら、トレーニング後に食事するのがおすすめ。筋肉を作るたんぱく質の合成は運動後1～2時間が最も活発になるからです。また、筋トレ後最低でも24時間以内は合成が盛んな状態が続くので、3食でたんぱく質を十分にとることも大切です。

動物性・植物性たんぱく質を組み合わせる

魚、肉、卵、乳製品などの動物性たんぱく質は、体にすばやく吸収され、筋肉を作ります。大豆製品や米、パスタなどの植物性たんぱく質は、吸収されにくいものの、酸化で筋肉が壊れるのを防ぎます。2種のたんぱく質食材を組み合わせて毎食100グラムを目安に食べましょう。

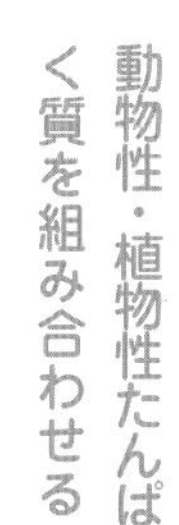

糖質も適度にとる

激しい運動をする時はエネルギー源になる十分な糖質が不可欠ですが、短時間の筋トレにはあまり必要ではありません。

ただ、糖が体に入るとすい臓から出るインスリンには筋たんぱく質の分解を抑え、筋肉が壊れるのを防ぐ作用があるので、適度にとるといいでしょう。とりすぎると肥満につながるばかりか、筋肉や骨を老化させてしまうので注意が必要です。

プロテインをうまく使おう

牛乳に含まれるホエイは、ヨーグルトの上澄み液で、消化吸収が一番速く、運動後1～2時間以内にとるのが効果的。ソイは、大豆たんぱく質を粉末にしたもので吸収が緩やか。ガゼインは牛乳の固形たんぱく質から作られ、吸収は遅いけど満腹感が長持ちします。うまく使い分けしましょう。

筋肉を育てる たんぱく質

脂質の少ない赤身肉や鶏肉、生魚を食べよう

肉には、たんぱく質やビタミンがたっぷり含まれています。ただ、脂質も多いので、牛肉や豚肉はヒレなどの赤身を。鶏も脂質の少ないささ身やむね肉がおすすめです。魚はたんぱく質だけでなく、代謝アップや体内の炎症を抑える働きをするオメガ3系の油が豊富。これは干物にすると、酸化して消えてしまうので生で食べましょう。

牛赤身肉

たんぱく質や、筋肉・骨の健康にとって重要なビタミンB群が豊富に含まれています。脂肪の燃焼を促すL-カルニチンや貧血を防ぐ鉄分、亜鉛が多く、糖質も低いので、ダイエッターはぜひとりたい食材です。

鶏むね肉

疲れの元となる活性酸素を減らすイミダゾールジペプチドが豊富です。マグロなどの回遊魚、牛肉・豚肉にも含まれていますが、量はむね肉がダントツ。水に溶けやすい成分なので、蒸し料理などがおすすめ。

鶏ささみ肉

鶏肉の中で最も脂肪分・カロリーの低いささみ。ビタミンB群をバランスよく含み、肉質も柔らかいのが特徴です。美肌・美髪、胃腸の働きを助ける、善玉コレステロールを増やすなどの効果があります。

マグロ

鉄分の吸収を高める良質なたんぱく質が豊富で、代謝アップや老化防止に効果的。赤身の部分にはビタミンB_6が多く、肌荒れの改善にも。刺身で食べるなら、塊を自分で切ったほうが新鮮さが長持ちします。

牛肉＆キノコの洋風煮こみ

抗酸化作用のあるトマトは美肌にも効く。

材料（2人分）
牛赤身肉（切り落とし）…300g
マッシュルーム…6個
トマト缶詰（カット）…1缶
にんにく（チューブ）…適量
コンソメ・塩・こしょう・オリーブオイル…少々

作り方
❶ 厚手の鍋にオリーブオイルとにんにくを入れて牛肉を炒め、塩・こしょうします。
❷ 牛肉に火が通ったらマッシュルームを入れて軽く炒めます。
❸ ②にトマトの缶詰とコンソメを入れて弱火で煮込みます。

牛肉のスタミナチャプチェ

（肉の放置時間含まず）

肉と野菜でボリュームもたっぷり！

材料（2人分）
牛肉赤身肉（薄切り）…150g
春雨（乾燥）…20g
ニンジン…1/4本
タマネギ…1/2個
ニラ…適量
焼肉のたれ…適量

作り方
❶ 牛肉を細く切り、焼き肉のたれをもみこんで30分置きます。
❷ 水で戻した春雨、ニンジン、タマネギ、ニラを食べやすい大きさに切ります。
❸ フライパンに油をひき、①・②を焦げないように炒めます。

レンチン鶏のねぎソースがけ

蒸し汁に溶け出た栄養も丸ごととれる。

材料（2人分）

鶏むね肉…１枚
ネギ・しょうが（薄切り）…適量
塩・料理酒…少々

A［しょうが（みじん切り）・ネギ・すりゴマ…適量
ポン酢…大さじ１

作り方

❶ 鶏肉の両面にフォークを突き刺し、塩をすりこみます。

❷ ネギとしょうがを敷いた皿に鶏肉をのせて料理酒をふります。ラップを軽くかけて片面２分ずつレンジでチンし、余熱で蒸らします。

❸ 蒸した肉を薄く切り、②で出た蒸し汁とAを混ぜたソースをかけます。

鶏むね肉のジューシーホイル焼き

淡白な鶏肉がみそとチーズで深みのある味に。

材料（2人分）

鶏むね肉…１枚
ブロッコリー…100g
エノキダケ…1/2袋
とろけるチーズ・料理酒…適量
塩…少々
みそ…大さじ１

作り方

❶ 食べやすく切った鶏肉（塩・料理酒をもみこんでおく）、ブロッコリー、エノキダケをアルミホイルに入れます。

❷ ①にチーズとみそをのせ、塩をふり、アルミホイルの口をしっかりと閉じます。

❸ ②を水を入れたフライパンに並べ、ふたをして中火で15分蒸し焼きにします。

鶏ささみのふんわりピカタ

高たんぱく＆低カロリーのささみを手軽に。

材料
（2人分）

鶏ささみ肉…４本
酒…大さじ１
塩・こしょう・オリーブオイル…少々
小麦粉…大さじ２
卵…１個
粉チーズ…適量

作り方

❶ ささみを２～３等分に切り、塩・こしょう・酒をふりかけます。

❷ ①に小麦粉を軽くまぶしてから、卵と粉チーズを混ぜたものをつけます。

❸ フライパンにオリーブオイルをひき、弱火でこんがりと焼きます。

マグロのねばねば和え

マグロには筋肉を若々しくするEPAがたっぷり。

材料
（2人分）

マグロ（たたき）…60g
納豆…１パック
ヤマイモ…100g
ネギ・刻み海苔…適量

作り方

❶ ヤマイモはすりおろし、ネギはみじん切りにします。

❷ ①と納豆（タレも）を粘り気が出るまでよく混ぜます。

❸ ②にマグロを加えて軽く混ぜます。器に盛って、ネギと刻み海苔をかけたらできあがり。

筋肉を育てる 糖質・炭水化物

肥満防止にはビタミンやミネラルをプラスして

糖質や炭水化物（糖質＋食物繊維）は脳や体を動かすエネルギーになります。不足するとエネルギー源として代わりにたんぱく質が使われてしまうため、疲労、脳や肝臓への悪影響が出たり、肌荒れなどの原因に。糖質を効率よく燃やして肥満を防ぎ、筋肉を鍛えるには、ビタミンB群やマグネシウム、コエンザイムQ10などを含む食材をプラスしましょう。

米

パンなどの小麦製品より腹持ちがいいのがお米。白米は量を減らして、ビタミンや食物繊維の多い雑穀米を混ぜてかさ増しすると、ダイエットにも美肌にも効果的。ご飯から食べはじめると血糖値が急上昇するので注意を。

めん類

パスタやうどんなど小麦粉でできためん類の食べすぎは体の細胞をこげつかせ、老化を早めます。食べるなら、ビタミンを含んだ小麦の皮や胚芽も丸ごと粉にした全粒粉パスタや、そばなどがおすすめです。

じゃがいも

同じ炭水化物でも糖質は白米の4分の1以下。ダイエット中でも満腹感を得たい時におすすめの野菜です。肌にいいビタミンCやむくみ解消に効果的なカリウムが豊富。いろいろな料理に使えるのも魅力です。

バナナ

米などの炭水化物より短時間で消化・吸収されるため、エネルギー源として最適。腹持ちがよく、血糖値も緩やかに上がるので、ダイエットに向いています。筋肉の働きを助けるビタミン類、ミネラルも豊富。

マイタケとしょうがごはん

（炊飯時間含まず）

食物繊維の豊富なマイタケで満腹感を高める。

材料（3人分）

白米…2合
マイタケ…1パック
ニンジン…1/3本
しょうが…1かけ
だし汁…1.5カップ
サラダ油・めんつゆ…適量

作り方

❶ マイタケは食べやすい大きさに分け、ニンジンは短冊切り、しょうがはみじん切りにします。

❷ フライパンにサラダ油を入れて①を軽く炒め、めんつゆをからめます。

❸ 炊飯器に洗った米と②、だし汁を入れて炊きます。

たっぷり野菜の玄米塩チャーハン

野菜でかさ増し＆ビタミン補給。

材料（2人分）

玄米ごはん…250g
ニンジン…1/2本
ダイコン・ネギ…5cm程度
鶏むね肉…100g
小松菜…1/2束
塩・オリーブオイル…少々

作り方

❶ ニンジン、ダイコン、鶏むね肉、小松菜を小さく切ります。

❷ フライパンにオリーブオイルを入れ、①を炒めて塩で味つけをします。

❸ ②に玄米ごはんを加えて軽く炒め、皿に盛ります。

煎りごまをかけても◎

サバ缶クリームパスタ

サバのビタミンB_2・Eが肌を若々しく。

材料（2人分）

サバ缶詰（水煮）…1缶
タマネギ…1/2個
ブロッコリー…5房程度
パスタ（早ゆで）…200g
豆乳…200㎖
粉チーズ…大さじ2
固形コンソメ…1個
塩…少々

作り方

❶ 鍋に、みじん切りにしたタマネギ、サバ缶（汁ごと）を入れて沸騰させます。

❷ ①に豆乳、コンソメ、パスタ、粉チーズを入れ、蓋をして弱火で5分程度煮ます。

❸ 塩で味を調え、ゆでたブロッコリーを食べやすい大きさに分けてのせます。

ふわたまオムそば

市販の焼きそばにひと手間加えて栄養アップ！

材料（1人分）

焼きそば（ソース付き）…1玉
豚肉（コマ切れ）…適量
タマネギ…1/4個
キャベツ…1枚
卵…2個
サラダ油・バター…少々

作り方

❶ 薄切りにしたタマネギとキャベツ、小さく切った豚肉、めんをフライパンで炒め、ソースで味つけして焼きそばを作ります。

❷ サラダ油とバターをひいたフライパンで薄焼き卵を焼きます。

❸ 半熟程度に焼いた卵を、皿に盛った焼きそばを包むようにのせます。

じゃがいものチーズガレット

チーズのビタミンB2が糖質を効率よくエネルギーに。

材料（2人分）
じゃがいも…３個
ハム…50g
とろけるチーズ…70g
オリーブオイル…大さじ２
こしょう…少々

作り方
❶ じゃがいもは洗って皮ごと千切りにし、ハムも千切りにします。それらをボウルに入れ、こしょうを加えて混ぜます。
❷ フライパンにオリーブオイルを熱し、②の半量を入れます。とろけるチーズをのせてから、残り半量を入れて形を整えます。
❸ 蓋をして途中で裏返し、両面に焼き色がつくまで弱火で焼きます。

フライパン焼きバナナ

疲れた時のエネルギー補給にぴったり！

材料（1人分）
バナナ…１本
砂糖…大さじ１
バター…適量
シナモン…少々

作り方
❶ バナナの皮をむいて縦半分に切ります。
❷ フライパンにバターを熱して、バナナを少し焼き色がつくまで焼きます。
❸ ②に砂糖をふりかけ、からめながら焼きます。お好みでシナモンをふって。

筋肉を育てる 脂質

マーガリンなどの植物油は控えめに

脂質は悪者扱いされがちですが、1日のエネルギーの20～25％程度（サンマなら約100グラム）を脂質でとることが必要です。体にいいのは不飽和脂肪酸（常温で液体の油）で、特に効果の高いオメガ3系の油は青魚やナッツに含まれています。マーガリンやお菓子の植物油には体に悪影響を及ぼす可能性のあるトランス脂肪酸が入っているので注意を。

オリーブオイル

オメガ9系脂肪酸が悪玉コレステロールを減らし、血液をサラサラにします。食べ物の消化・吸収を助けるので他の食材と一緒にとりましょう。化学処理がされていないエキストラバージンオリーブオイルがおすすめ。

ココナッツオイル

抗酸化作用に優れ、シミやシワ、毛穴の改善などに効果的。糖質制限食と組み合わせるとアルツハイマー病の進行を抑えられるともされています。良質なコールドプレスのバージンオイルを選びましょう。

アマニ油

オメガ3系不飽和脂肪酸のα-リノレン酸が血流を改善し、血栓を予防します。肌を若々しく保つセラミドなどの美肌成分も。効果を得るには、1日にティースプーン1～2杯で十分。保存は冷蔵庫で。

クルミ

ナッツ類、特にクルミにはオメガ3系の不飽和脂肪酸のほか、食物繊維、たんぱく質、ビタミン、ミネラルなど、体によい栄養素が豊富。ローストすると栄養価がアップします。無塩のものを適量食べましょう。

ナスのオリーブオイルソテー

ナスのポリフェノールが肌をなめらかにする。

材料（2人分）
ナス…2本
オリーブオイル…適量
ミョウガ…1/2個
青ジソ…2枚
しょうゆまたはポン酢…適量

作り方
❶ ナスを1cm厚さ程度の輪切りにします。
❷ フライパンにオリーブオイルを熱し、ナスを両面に焼き色がつくまで炒めます。
❸ 器に盛りつけ、千切りにしたミョウガ・青ジソをトッピング。しょうゆかポン酢をお好みでかけてできあがり。

大根じゃこサラダ

じゃこのカルシウムが筋肉の働きをサポート。

材料（2人分）
大根…1/4本
塩…適量
ちりめんじゃこ…適量
しょうゆ…適量
アマニ油…大さじ2

作り方
❶ 大根は薄切りにして、塩で軽くもんで水気をしぼります。
❷ ①とちりめんじゃこを混ぜ、しょうゆとアマニ油であえます。

お好みでかつお節をふりかけても◎

血糖値を上げない食べ方

糖質をとりすぎると血糖値が急上昇して老化や肥満、生活習慣病などの原因に。炭水化物を減らしてサラダを加える、ゆっくり食べる（1口30回噛む）、食後に運動するなどの工夫を。

低GI食品を取り入れよう

GI値とは、食品ごとの血糖値の上がりやすさを示したもの。高カロリー＝高GIではありません。GI値の高い食品を食べると食後に血糖値が急上昇した後、急低下する血糖値スパイクが起こり、眠気を感じたり集中力が下がったりします。できるだけ低GIの食品を選びましょう(→P129参照)。

フルーツは朝食に食べる

フルーツを食べるなら朝食で。空腹時にとった糖はエネルギーの代謝に使われるので、脂肪になりにくいとされています。

最初の食事が次の食事に影響する

血糖値が上がるものを食べる時は、その前の食事を食物繊維の多い大豆などに。最初の食事が次の食事の後の血糖値にも影響します。

野菜ファーストの食べ方を

野菜に含まれる食物繊維が糖質や脂質の吸収を緩やかにします。野菜→たんぱく質→糖質の順で食べましょう。

ギリシャヨーグルトで血糖値急上昇を防ぐ

ヨーグルトを先に食べておくと血糖値の急上昇を防ぐことができます。たんぱく質の豊富なプレーンのギリシャヨーグルトがおすすめ。

栄養を補給する 間食

ダラダラ食べずに間食タイムを決める

肥満の原因になる間食ですが、足りない栄養・エネルギーの補給や気分転換ができるというメリットがあります。1日の目安は200キロカロリーまで。食べすぎや胃腸への負担を防ぐため、「10時と3時に10分間だけ間食タイム」などとルールを決めるといいでしょう。寝る前3時間以内には食べないこと、よく噛んで食べることも大切です。

チーズ

カロリーと脂質は多めですが、糖質が低く、脂肪を燃やすビタミンB_2が含まれています。筋トレするなら意識してとりたい、たんぱく質、カルシウムなども豊富。腹持ちがいいので間食にイチオシです。

アーモンド

エイジングケアや美肌に不可欠なビタミンEが豊富。血糖値の上昇を抑えてくれる脂質を含み、満腹感が長続きします。カロリーが高めなので1日20粒程度が目安です。塩や油を使わない素焼きのアーモンドを。

おから

炭水化物・たんぱく質・脂質の三大栄養素がバランスよく含まれています。低カロリーなのも嬉しい点。食物繊維が豊富なので、満腹感が得られやすく食べすぎを防ぐことができます。便秘解消にも効果的。

ドライフルーツ

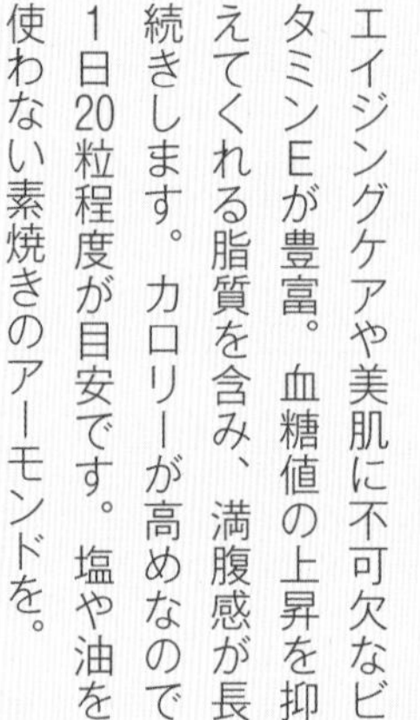

生のフルーツより栄養価が高く、噛み応えもあるので満腹感が得られます。皮をむく手間もないので気軽に食べられます。でも、糖分が多いので食べすぎには注意。砂糖などで加工されていないものを選びましょう。

アーモンドのこんがりキャラメリゼ

アーモンドには血流をよくする作用も。

材料（2人分）　アーモンド…100g　水…大さじ1　はちみつ…50g

作り方

❶ 水とはちみつを鍋に入れ、弱火で熱します。

❷ 少し煮立ってきたらアーモンドを加え、水気がほぼなくなるまで中火で煮ます。

❸ ②をクッキングシートなどに広げて冷まします。

チーズプロテインバー

筋肉づくりにも役立つ甘くないオヤツ。

材料（3人分）

プロテインパウダー…50g　卵…1個
おからパウダー…30g　豆乳…100mℓ
ピザ用チーズ…50g　塩…少々

作り方

❶ ボウルにすべての材料を入れてよく混ぜます。

❷ ①をクッキングシートを敷いたオーブントースターのトレーに約1cmの厚さで広げます。

❸ 15分ほど焼いたら取り出して適当な大きさに切り込みを入れます。裏返して5分ほど焼いたらできあがり。

食欲を抑える食

満腹感を感じやすい繊維質の多い食材をとる

食欲を抑えるには野菜やキノコなど繊維質の多い食材を。満腹中枢は食べはじめてから20分ほどして働きはじめるので早食いは禁物です。睡眠中に分泌されるレプチンというホルモンには食欲を抑える作用があるので、十分な睡眠をとることも大切。温かいお茶を飲んで気分転換したり、軽い運動で空腹感を紛らわすのも一つの方法です。

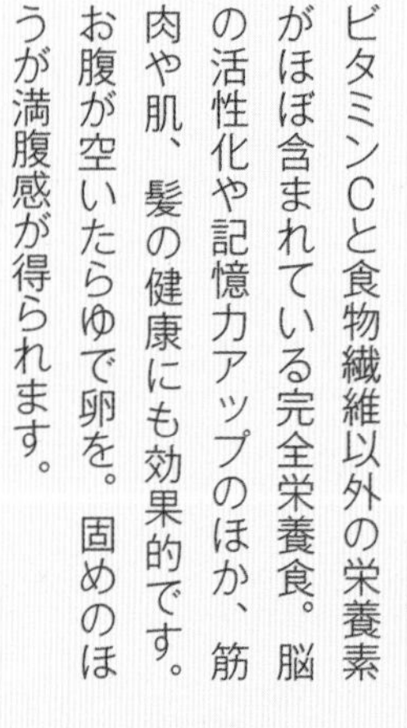

サバ

食欲を抑えるのに有効とされる必須アミノ酸のヒスチジンを含んでいます。また、サバ、イワシなどの青魚に含まれるオメガ3系の油は、食欲を抑えるホルモンであるレプチンを増やします。

卵

ビタミンCと食物繊維以外の栄養素がほぼ含まれている完全栄養食。脳の活性化や記憶力アップのほか、筋肉や肌、髪の健康にも効果的です。お腹が空いたらゆで卵を。固めのほうが満腹感が得られます。

しょうが

消化の働きを助け、空腹感を感じにくくさせてくれます。辛み成分が血管を広げて体を温めるので冷え性改善、代謝アップの効果も。体内の余分な水を排出し、むくみ予防にも役立ちます。

コーヒー

カフェインには新陳代謝を促し、空腹感を抑える作用があります。お腹が空いたら1日1~2杯のコーヒーや紅茶を。食事の1時間ほど前に飲んで軽い運動をするとダイエットにも効果的です。

サバのゆず焼き

ゆずには筋肉を丈夫にするビタミンCが豊富。

材料（2人分）

サバ…2切れ
ゆず…適量
オリーブオイル…小さじ2

A ┌ 料理酒…大さじ1
│ みりん…大さじ1
└ しょうゆ…大さじ1

作り方

❶ フライパンにオリーブオイルを熱し、サバを両面に火が通るまで焼きます。

❷ ①にAを混ぜたものをかけ、からめて軽く熱します。

❸ 器に②を盛り、千切りにしたゆずの皮と絞り汁をかけます。

野菜のしょうがミルクスープ

しょうがが体を温めて代謝を上げる。

材料（2人分）

白菜…大きめの葉1枚
ニンジン…5cm
コーン缶詰…1缶
鶏ガラスープ（粉末）…大さじ2
水…300㎖
豆乳…200㎖
しょうが…1かけ

作り方

❶ 白菜とニンジンを食べやすい大きさに切ります。

❷ ①と他の材料すべてを鍋に入れ、蓋をして中火で10分煮ます。

❸ ②にすりおろしたしょうがを加え、軽く混ぜたらできあがり。

アンチエイジング食

フィトケミカルで若々しい体づくりを

アンチエイジング食の基本は五大栄養素をバランスよく食べること。活性酸素による体のサビつきや、糖による細胞の劣化を防ぐ作用のあるフィトケミカルもしっかりとりましょう。緑茶やトマトなどの色の濃い野菜に含まれていて、皮や種なども食べれば効率よくとれます。化粧品やサプリに頼りすぎず、内側からキレイをめざしましょう。

トマト

赤い色素のリコピンは抗酸化作用が強く、シミ対策にとても有効。肌の若返りを助けるカロテンやビタミン群も含みます。動脈硬化やストレス予防など健康効果も抜群。ミニトマトの方が栄養素は豊富です。

羊肉

カルニチンという成分が脂肪の燃焼を助けて体を引き締めます。オメガ3系の油が豊富で、体力回復、動脈硬化や血栓予防、血圧を下げる効果も。硬めの肉をしっかり噛むことも老化防止につながります。

塩麹

細胞をサビつかせる活性酸素を抑える働きがあり、老化予防や美肌に最適。乳酸菌も含まれているので腸内環境が整い、デトックス効果も期待できます。生で食べた方が酵素の働きが活性化します。

ごま

活性酸素を撃退するセサミンが豊富で、老化予防、肝機能改善、コレステロール減少などに有効。β-カロテンやビタミンCと一緒にとるのがおすすめ。すりおろした方が栄養の吸収がよくなります。毎日大さじ1杯を。

モッツァレラチーズのせトマト

血液をキレイにするオリーブオイルをかけて。

材料（2人分）
トマト…1個
モッツァレラチーズ…適量
パセリ…適量
オリーブオイル…適量
塩・こしょう…少々

作り方

❶ 冷蔵庫で冷やしたトマトを厚さ5mmほどの輪切りにします。

❷ ①の上に刻んだモッツァレラチーズをのせます。

❸ ②にパセリをのせ、お好みで塩・こしょう、オリーブオイルをかけます。

ニンジンとエノキのごまきんぴら

ニンジンが加齢によるトラブルを予防する。

材料（2人分）
ニンジン…1本
エノキダケ…1袋
めんつゆ…大さじ1
ごま油…適量
料理酒…大さじ1
煎りごま…適量
こしょう…少々

作り方

❶ ニンジンは千切りに、エノキダケは根元を切り取って食べやすい大きさに切ります。

❷ フライパンにごま油を熱し、先にニンジンを炒め、しんなりしたらエノキダケを入れて炒めます。

❸ ②にめんつゆ、料理酒を加えて軽く炒めます。煎りごまとこしょうを加えて軽く混ぜたらできあがり。

体によい油

健康や美容のためには、オメガ3系といわれるグループのアマニ油、エゴマ油、オメガ9系のオリーブオイル、不飽和脂肪酸のココナッツオイルをとりましょう。

オリーブオイル

便秘解消、動脈硬化、心筋梗塞の予防に効果的。ビタミン食材と一緒にとると美肌効果がアップします。熱に強いので、いろいろな料理に。

アマニ油

血液をサラサラにして、中性脂肪を減らします。シミの原因になるメラニンを抑制する効果も。熱に弱く酸化しやすいため、生で食べましょう。

エゴマ油

血中の脂肪やコレステロールの値を下げて血液をサラサラに。脂肪を燃やしやすくするのでダイエットにも。加熱調理は不向きです。

ココナッツオイル

食べてすぐエネルギーになるので、体に脂肪がつきにくいのが魅力。活性酸素を防ぎ、アンチエイジング効果も。加熱もOKです。

MCTオイル

ココナッツに含まれる中鎖脂肪酸（MCT）だけからできているオイル。吸収・分解が早いため、脂肪として蓄積されづらく、余分な脂肪を燃やす効果も。

米油

抗酸化作用が高く、血管の若返りや動脈硬化予防に効果的。サラッとしていて熱に強いので、揚げ物などに向いています。

アボガドオイル

酸化しづらく、高温の加熱調理も大丈夫。若返り栄養素のビタミンEが豊富で、肌のシミ・シワ予防に。肩こり、冷え症の改善にも。

マカダミアナッツオイル

アンチエイジング効果と美肌効果が高く、生活習慣病予防にも。加熱もOKですが、サラダやスイーツにかけると香ばしい香りが楽しめます。

美を育てる 美肌食

乾燥を防いで しっとりツヤピカ肌に

若々しい肌を保つには、乾燥を防ぐことが大切。ビタミンAやムチンで潤いを与え、カルシウムで皮膚の保水成分を高めましょう。シミ予防にはメラニン色素の沈着を抑えるβ-カロテンやビタミンC、Eなどが効果的です。毛穴には過剰な皮脂を抑えるビタミンB_1・B_2を。睡眠不足や食生活の乱れなど悪い生活習慣を見直し、内側からの肌ケアを。

サケ

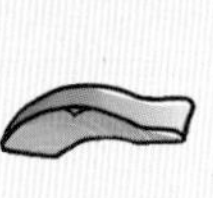

赤い色素のアスタキサンチンには高い抗酸化力があり、肌の若返りに最適。肌の新陳代謝を高める作用もあるので、シミやシワ、たるみ予防にも。肌を作るたんぱく質や潤いを与える脂質も豊富です。

手羽先

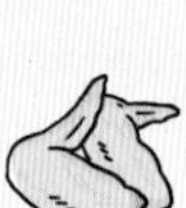

肌の水分量を保ち、潤いやハリを守るコラーゲンが豊富。コラーゲンは皮と身の間や軟骨などに多く含まれているので、煮汁も一緒に食べましょう。ビタミンCと一緒にとると吸収率が高まります。

レンコン

ネバネバしたムチンという成分が肌の水分を保ち、たんぱく質の吸収を高めて健康な肌を作ります。血行をよくする作用もあるので、肌の疲れやくすみ解消にも効果的。酢水につけてから調理すると変色しません。

キウイ

フルーツの中でもビタミンCの含有量はトップクラス。肌のターンオーバーを促すビタミンEも多く、ゴワつきやくすみの予防に効果的。グリーンキウイは食物繊維が、ゴールデンキウイはビタミンCが豊富です。

サケのしょうがマヨソテー

栄養たっぷりの皮も食べよう。

材料
（2人分）

生サケ…２切れ
ホウレンソウ（サラダ用）…1/2 束
料理酒…少々
A［マヨネーズ…小さじ２
　 しょうが…１かけ

作り方

❶ サケの小骨を取ります。ホウレンソウは洗って食べやすい大きさに切ります。

❷ フライパンにAを入れて軽く温め、その上にサケをのせて焼きます。

❸ ②に料理酒を振りかけ、蓋をして３分蒸し焼きに。ゆでたホウレンソウを添えてできあがり。

サケの豆乳鍋

肌が潤って若返る。

材料
（2人分）

生サケ…100g
ニンジンなどの野菜・
エノキダケなどのキノコ…適量
絹ごし豆腐…1/2 丁
A［水…200mℓ
　 豆乳…400mℓ
　 白だし…大さじ３

作り方

❶ サケや野菜、キノコを食べやすい大きさに切ります。

❷ 鍋にAを入れて温め、①の具材をすべて入れます。

❸ 豆乳が固まらないように中火で熱し、具材に火が通ったらできあがり。

シメはうどんやごはんで！

塩手羽先

パリパリの皮にも肌にいい栄養がたっぷり。

材料（2人分）
手羽先…8本　白煎りごま…適量
塩…適量　ブラックペッパー…少々

作り方
❶ 手羽先を流水でサッと洗い、キッチンペーパーで押さえて水気を取ります。

❷ 手羽先の両面に塩をまぶし、10分くらいおきます。

❸ オーブントースターのトレーにアルミホイルを敷いて手羽先を並べて焼きます。両面がこんがりしたら、ごまとブラックペッパーをふりかけます。

もっちもちレンコンもち

ネバネバ成分が肌のくすみをとる。

材料（2人分）
レンコン…200g程度
ごま油…小さじ1
焼海苔…1/4枚
A［片栗粉…大さじ3
白だし…小さじ2
しょうゆ・塩…少々］

作り方
❶ レンコンはすりおろし、軽く水気を絞ります。Aを加えてよく混ぜ、10分ほど寝かせます。

❷ ①を8等分して、丸く平たい形に整え、片面に海苔をはります。

❸ フライパンにごま油を熱し、②を両面がこんがりするまで焼きます。

塩麹 deレンコンきんぴら

老化予防に最適な食材の組み合わせで肌力をアップ！

材 料（2人分）

- レンコン…10cm程度
- ちくわ…１本
- オリーブオイル…小さじ1
- 塩麹…小さじ2
- 青海苔…適量

作り方

1. レンコンを薄い輪切りにし、水にさらして水気を切ります。ちくわも薄切りにします。
2. フライパンにオリーブオイルを熱し、①を炒めます。
3. 火を止めてから②に塩麹を加え、よく混ぜて青海苔をふりかけます。

キウイ入りコールスロー

アマニ油のセラミドが肌を若々しく。

材 料（2人分）

- キウイ…１個
- キャベツ…100g
- ニンジン…20g
- A
  - 酢…大さじ2
  - 砂糖…小さじ1
  - アマニ油…大さじ1
  - 塩…少々

作り方

1. キウイは皮をむいて薄めの半月切りにします。キャベツとニンジンは千切りにします。
2. 切ったキャベツとニンジンにAを加えて混ぜます。キウイをのせてできあがり。

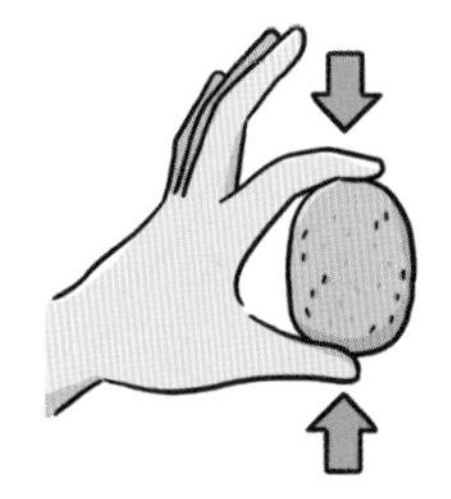

軽く押して芯が柔らかくなっていたら食べ頃

美を育てる 美髪食

食生活を見直して加齢に負けない丈夫な髪に

抜け毛や切れ毛など髪のダメージは、栄養不足や生活リズムの乱れ、ストレスなどが主な原因。年とともに髪を黒く保つメラニン色素を作る力が衰えるため白髪が増えるのは仕方ありませんが、それも食べ物や生活習慣によって遅らせることは可能です。カルシウムやミネラル、たんぱく質、ビタミンなどを食事でしっかりとりましょう。

カキ

栄養価が高く、カルシウムや亜鉛を多く含み、抜け毛を防ぎます。亜鉛は体内で作られず、ストレスや疲労、汗で失いやすいので、積極的にとることが必要。ビタミンCと組み合わせると吸収がよくなります。

レバー

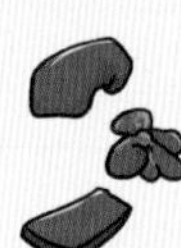

牛レバーには亜鉛や銅などのミネラルが多く含まれています。銅はメラニン色素ができるスピードを早めるため、白髪予防に効果的。豚のレバーには髪や頭皮の新陳代謝を助けるビタミンB2が豊富です。

ひじき

カルシウムがメラニン色素を作る力を高めるため、白髪予防に効果的。海藻類には亜鉛などのミネラルが豊富に含まれていて、髪の新陳代謝を促します。海苔やわかめは髪を強くするヨウ素が豊富です。

アスパラガス

髪の主成分となるアミノ酸の一つ、アスパラギン酸が抜け毛予防や発毛促進に効果的。穂先に多く含まれています。抗酸化作用のあるβ-カロテン、ビタミンCも豊富。栄養を逃さずとるには、茹でる以外の調理法で。

カキの磯の香アヒージョ

カキの亜鉛は食品の中でもトップクラス。

材料（2人分）

カキ（パック入り）…1パック
オリーブオイル…100ml
にんにく（チューブ）…適量
タカノツメ…少々
塩…少々
焼海苔…適量

作り方

❶ カキに片栗粉をまぶしてから流水で優しく洗い、水気を取ります。

❷ スキレット（小さめのフライパンでもOK）にオリーブオイルとにんにくを入れて弱火で温めます。

❸ ②にカキと刻んだタカノツメ、塩を入れ、刻んだ焼海苔をのせます。

アスパラチーズ春巻き

アスパラには老化予防のポリフェノールも。

材料（2人分）

アスパラガス…5本
おさかなソーセージ…1本
ピザ用チーズ…適量
春巻きの皮…5枚
水溶き片栗粉…少々
サラダ油…適量

作り方

❶ アスパラガスとおさかなソーセージを2等分し、縦半分に切ります。

❷ 春巻きの皮の上に①とピザ用チーズをのせます。皮で包み、端に水溶き片栗粉をつけて閉じます。

❸ ②を油で揚げます。両面に焼き色がついたらできあがり。

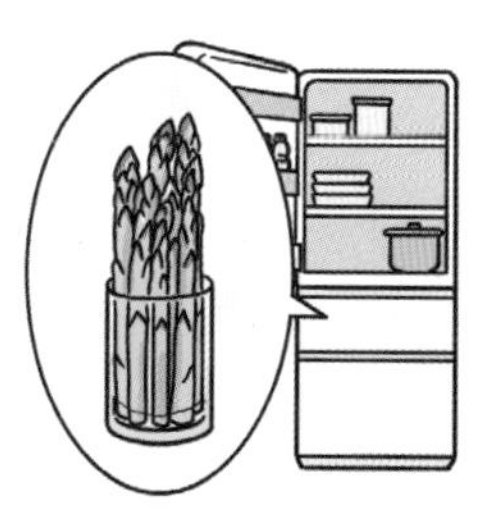

立てて保存すると
新鮮さがキープ

美肌ドリンクレシピ

不規則な生活が続く時も、飲むだけで美容の手助けをしてくれる野菜＆果物ドリンク。生の酵素がたっぷりとれて、美肌効果も高いのが魅力です。

ビタミンや鉄分が豊富で
便秘解消にも効果的

美肌＆デトックスジュース

小松菜（1/2 束）、バナナ（1 本）、キウイ（1 個）をカットし、水（200㎖）と一緒にミキサーに入れて混ぜる。

手づくりスポーツドリンク

レモン汁（大さじ 1）、塩（小さじ 1/2）、ハチミツ（大さじ 3）、水（500㎖）をペットボトルに入れ、よく振って混ぜる。

市販のドリンクに含まれる
余分な甘味料がなく
運動後の疲労回復に◎

chapter

4

キレイが続く美習慣

トレーニングを始めて半年
自分の体が好きになった
下着の試着も楽しい♪
バストやヒップの女性らしいライン
ほどよく締まったやわらかな筋肉
DMビル
筋肉は維持が大切です よい姿勢を日常的に心がけてください
ハイッ
❶意識的に自分の姿を見る
猫背に注意 肩甲骨を寄せて
あごを引く
反り腰に注意
おへそに力を入れお腹を引っ込める
肛門に力を入れる
NG
OK
舌の先を前歯の裏側に当てると
フェイスラインがキュッとします
顔の輪郭が緩んできた時は
口輪筋エクササイズ
つりそうなくらい「う～」と
唇を前に突き出す
唇のたるみもケアできる
う～
マスクをつければ移動中も大丈夫！
最近L●NEないけどたんぱく質はとれてますか？
1日100グラムはとっています！
❷たんぱく質をとる
体重×1・5倍

佐藤さんに聞いて すき間時間のプチ運動も はじめました！
③すき間時間にながら運動
イスに座る時
骨盤は立てる
前傾しない
ももを内側に寄せる
足とひざはつける
プルプル
立った時
脚を上げ下げ
美意識が高いっ!!
④肌を乾燥させない
朝晩はシートマスクをつけて15分
時間のない時は5分でもOK
その日の肌の状態に合わせてシートマスクも選んで
朝晩スチーマーでしっかりメイクオフ
汚れが浮いてすっきりします
朝は洗顔前に歯磨きしながら
朝に丁寧なスキンケア
日中のメイク崩れも抑えられます
筋肉の立体感をキレイに見せるために肌を乾燥させないのも大事です
お風呂でハニーパック
なめらかで柔らかな肌に
お風呂上がりに保湿
フットバームとボディミルクですべすべ
他の生徒さんはこんなことをしてますよ
こまめにハンドクリームケア
HAND CREAM
カサカサしない
肌がカサカサしていると確かに「とろふわ筋肉」にはならないですね

せんせ〜い
ストレスがたまると食べすぎたり甘いものに走ってしまいます
遊ぶ時は遊ぶ仕事の時は仕事と切り替えが大事です
ストレスフリーは筋肉にもいいですよ
❺ストレスをためない
深呼吸しながら寝る
しっかり深呼吸×5回
翌朝すっきり目覚めます
両手は手のひらをおへその上にのせる
こまめに水を飲んで体が乾かないようにしてください
常温水がいいですね
朝はたっぷり日中も持ち歩いて潤った体を維持してください
1日2・5リットルは飲んでください
内側からむちっと感を出すためには欠かせません
ムチッ
体の巡りが良いとむくまなくなります
❻水は1日2・5リットル
あと…
体調が悪い時は何もやる気がおきません
月イチの生理とか…
そんな時はストレッチだけにしてもいいんです
無理しなくても大丈夫!!
自分のカラダが普段と違うなって思った時は
あれ〜
ストレッチで体をほぐしてください
きもちいい♪

❼ 不調に敏感になる

寝室環境を整える

- □ パジャマは素材にこだわる（→ P106 参照）
- □ マットレスは骨格を支える良質なものを
- □ 布団はこまめに干すか乾燥機でふわふわに
- □ 寝室に加湿器を置き乾燥させない

寝る前の習慣を整える

- □ お風呂に入って30分～1時間以内にベッドに入る
- □ 眠れない日は緑茶でテアニンをとる
- □ 寝る1時間前はテレビやスマホを見ない

絶対禁止！
脳が休まりません

夜に眠れないことも多いんです

体調を整えるために睡眠は7時間はとりたいですね

名付けてキレイが続く美習慣です

❶ 意識的に自分の姿を見る
❷ たんぱく質をとる（体重×1.5倍）
❸ すき間時間にながら運動
❹ 肌を乾燥させない
❺ ストレスをためない
❻ 水は1日2.5ℓ
❼ 不調に敏感になる

筋肉のメンテナンスには不可欠です！

キレイになりそう！

自分の姿を鏡で見て意識する

勇気を出して、鏡の前で全身チェックしよう

身体は毎日微妙に変化するもの。しかし、理想のボディをイメージしてケアを続ければ、身体は必ず応えてくれます。

勇気を出して、まずは裸で鏡の前に立って自分を見てください。今の身体の現実と向き合って、顔まわり、二の腕、胸、腰、お腹まわり、脚、お尻、太もも……。頭の上から足先まで、360度しっかり全身をチェックしましょう。

全裸チェックは日常生活を見直すきっかけになる

全裸チェックは、自分の身体を把握、理解することが目的。そして理想のボディに近づくために、現状と理想とのギャップを受け止めること。理想に近づくためには必要なプロセスです。

身体は正直で、したことがそのまま素直に反映されるからこそ、見はじめれば毎日の変化が面白く、日常生活を見直すきっかけにもなります。

できれば朝夜2回、難しければお風呂の後だけでも、毎日全裸チェックをはじめましょう。

鏡以外で自分の身体を意識する方法

毎日の全裸チェック以外でも自分の姿を確認する方法があります。どちらかひとつでも試してみましょう。

水着で過ごす

いつでも海やプールに行けるように、家で水着を着てボディラインを厳しくチェックするのも◎。肌を出す・見せる意識を養うだけでも全然違います。

全身を撮影してチェック

スマホなどで全身を写し、服やメイク、髪型が似合っているか、体型の崩れがないかなどを確認してみても OK。客観的な目で見るので、ふだんは気づかない発見があります。鏡で見るより客観視できるので撮影するのがオススメ。

日々の生活で気にかける、意識することが美しい身体を作る大事な一歩。そうすれば、身体は少しずつ変わってきます。

歩き方

背筋を伸ばして血行をよくして歩こう

普段歩いている時、猫背ぎみになっているようならすぐに直しましょう。猫背だと血行が悪くなり、二の腕や脇の下のリンパも流れにくくなります。

そしておでかけ前は鏡でお尻が上がっているか、しっかりチェックしましょう。外出先では背筋を伸ばして歩きながらお尻を締めると、余計な脂肪がつきにくくなります。

スニーカーを履いて足裏全体を使って歩きましょう

ヒールを履くと、かかとやふくらはぎに体重が集中してお腹の筋肉があまり使われません。腹筋が鍛えられていないと、歩き方ももたつきます。スニーカーを履いて、お腹を引き締めて歩きましょう。

また、外を歩く時は背中を意識することが大事です。背筋を伸ばす、腕を振る、かかとから踏み込む、といった歩き方をすると、肩甲骨を含む背中全体が前後にしっかり動き、鍛えられます。

正しい歩き方と間違った歩き方

ただ何となく歩くだけではもったいない！美しくなる歩き方と間違った歩き方があるので気を付けましょう。

階段のぼりで美脚を作る

つま先立ちでのぼればふくらはぎが引き締まり、一段飛ばしは太ももやウエストを細くします。ゆっくり行うと効果的です。

通勤で脂肪燃焼トレーニング

朝食後の２時間は、最も脂肪が燃える時間帯。家を早く出て一駅分歩くか、自転車通勤などの有酸素運動をすれば◎。

同じ側で持つのはNG

いつも同じ側でカバンを持つと、片側だけに荷重がかかり、筋肉や骨のバランスを崩します。持ちかえやすいカバンにして、左右均等に持つように心がけましょう。

高いヒールはNG

ヒールが高いと前屈みになり、正しく歩きづらくなります。靴のヒールは3cmまでに。また、体が不安定になるため、ヒールが細すぎる靴も避けましょう。

座り方

姿勢が悪いと、お尻が垂れるので要注意

座る時は背筋を伸ばして骨盤を立たせることが重要です！

イスにもたれかけてラクな姿勢になると、自然と後傾姿勢に。崩れた姿勢が続くと脂肪や内臓が下がってたれ尻やポッコリお腹の原因となります。

また、イスにもたれる姿勢を続けると背中が丸まり、肉がお腹に集まり、呼吸も浅くなり、インナーマッスルが使われません。

できるだけ背筋を伸ばして座り、深い呼吸を意識しましょう。

硬いイスにはクッションが必須！

座面が硬いイスには直接座らないようにしましょう。イスの座面が硬いと、圧力がお尻に強くかかり、血行不良になります。クッションを敷いて圧力を分散させましょう。

長時間座りっぱなしも健康に悪いため、時々立って歩くことが必要です。同じ姿勢が何時間も続くと、エコノミークラス症候群や腰痛を引き起こします。1時間に1回くらい立つようにしましょう。1時間に一度、1～2分立つだけで、座ることからくる悪影響が和らぎます。

美を遠ざける座り方

ただ何となく座っていませんか？　座り方次第で身体に悪影響を及ぼす場合もあります。美を遠ざける座り方に気を付けましょう。

足を組んで座るのはNG

足を組むと骨盤がずれる原因に。さらに背骨や頭の骨のゆがみを引き起こし、顔のむくみなどにつながります。足を組まずに、背骨を伸ばして座るようにしましょう。

横座りをするのはNG

横座りをすると、骨盤や背骨がゆがむ原因になる上、筋肉のクセもつくので、体型も崩れてしまいます。正座など、骨盤がゆがまない座り方をすることが大事です。

背筋を伸ばすことでお腹に肉が集まらず、インナーマッスルなどお腹の筋肉も使われます。ポッコリお腹を避けたいなら意識してみて。

飲料のとり方

1日2・5リットルを目安に持ち歩いてこまめに補水を

水分は「1日2・5リットル飲む」のを目安にしましょう。一気に飲むのではなく、ペットボトルを持ち歩いて10～15回程度に分けて、こまめに摂取するのがオススメです。必要以上に飲んだり、一気に大量に飲んだりするのは、むくみを招いたり体に負担がかかったりするので注意を。

また、冷たいものは冷えの元なのでできるだけ避けましょう。夏でも温かいものか、ぬるま湯や常温水を飲むのが正解です。

身体が水を欲しがっている時に水分補給しよう

飲むタイミングは、起床時や外出の前、食事、運動、入浴や就寝など、汗をかくような行動の前後が適しています。汗をかく前に、十分な量の水分を体内にたくわえておき、汗をかいた後には失った分を補給するのが理想です。身体が水を欲しがっているタイミングを逃さぬよう、普段から習慣づけましょう。

運動で大量の汗を流した時は、水よりもスポーツ飲料が最適です。水分とともに汗で失ったナトリウム、カルシウム、カリウムなどのミネラルを同時に補えます。

水分補給のコツ

一日の中でどのように水分をとればいいのかをご案内します。ぜひ参考にしてみてください。

朝、常温の水を一杯飲む

起床時は身体が渇いている状態。水を飲んで水分を補給し、胃に刺激を与えて排便を促しましょう。冷たい水は身体を冷やすので常温で。全身に水分が行き渡り、身体がスッキリ目覚めます。

昼、白湯を飲む

白湯は1回100～150mℓを1日5回くらいすするようにゆっくり飲むのがオススメです。やかんに1ℓ以上の水を入れて火にかけ、沸騰したらふたを開けて弱火にし、換気扇を回しながら15分沸かし続ければできあがり。

夜、カフェインは避ける

カフェイン入りの飲み物は神経が高ぶり、快眠の妨げに。夜はノンカフェインの飲み物にしましょう。飲酒は寝つきはよくなりますが、夜中に目が覚めて眠りの質を下げます。安眠を促すカモミールティーやホットミルクなどが◎。

たんぱく質をとる

鶏肉や牛肉などのたんぱく質を積極的にとりましょう

食事は鶏肉（皮なしのもも肉）や赤身の牛肉などたんぱく質をメインにするのが理想的です。1食分の目安は肉や魚で手のひら1枚弱のサイズ（約80グラム程度）です。

夜間は活動量が減り、糖質の消費がしにくくなるので、夕食では炭水化物を控えめにしましょう。ただし、味付けが濃いものばかり食べていると塩分ばかりとりすぎてしまい、身体のいろいろな部位のむくみにつながります。たんぱく質料理の味付けは濃くなりすぎないように気を付けましょう。

たんぱく質を1日100～120グラムとる

筋肉はもちろん、肌や髪もたんぱく質でできています。肉、卵をはじめ、納豆や牛乳にもたんぱく質は含まれていますので、積極的に摂取しましょう。

毎日3食しっかりたんぱく質を食べられない時は、プロテイン入りの食品などで補う方法も。朝食をプロテインドリンクにする、間食にプロテインバーをとるなど、プロテインパウダーやプロテイン含有食品を活用しましょう。

糖質中心の食事は要注意

筋肉量を増やすくらいのたんぱく質をとるためには、摂取量を意識していくことが必要です。普段の食事を見直してみましょう。

1日で体重の1.5倍のたんぱく質をとろう

たんぱく質は毎食とることが必要です。それは、消費エネルギーを稼いでくれる筋肉の量を減らさず、むしろ増やして基礎代謝を上げるため。1日に必要なたんぱく質の量は体重1kgにつき1.5g。体重50kgの人なら、たんぱく質を75gとる必要があります。

1食あたり100gの卵や肉、魚介類をとろう

たんぱく質は1日3食なら、体重50kgの人と仮定した場合、1食につき25g必要です。ただ、一般的な食材には、総量の4分の1以下しかたんぱく質を含まないといわれているため、卵や肉、魚介類などの良質なたんぱく源を毎食100g程度とる計算になります。

たんぱく質は大豆類より肉でとるように！

ソーセージやハム、生ハム、ハンバーグ、かまぼこなどの加工食品は、つなぎに血糖値が急上昇する糖質が含まれるため、避けましょう。また、牛肉のモモ150gはたんぱく質を30gとれるのに対し、豆腐1パック150gからとれるたんぱく質は8gです。できるなら、たんぱく質は豆腐などの大豆類より肉でとるのがおすすめです。

ながら運動

通勤や仕事時にできる「ながら運動」を習慣にしましょう。通勤しながら、オフィスにいながら、ちょっとした工夫で消費カロリーを増やすことで、体を引き締められます。

お腹凹凸ダイエット

腹筋に力を入れて１～２秒かけてお腹をへこませます。お腹に引きつけるイメージで、我慢できなくなるところまで続けましょう。次に腹筋に力を入れたまま１～２秒かけてお腹を出します。

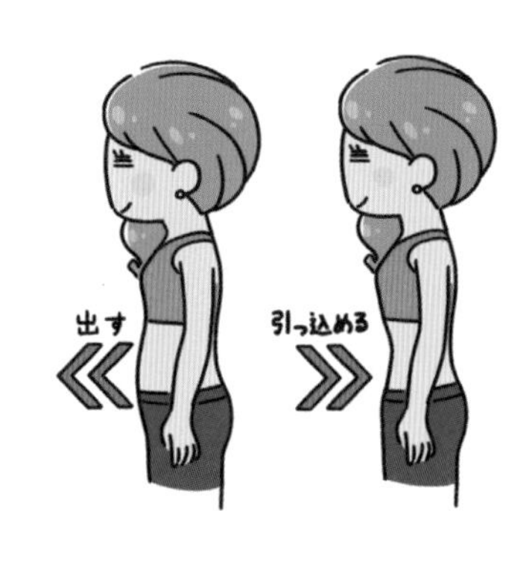

＼仕事のすき間時間に／

片足上げ下げ

片足を後ろに引いて、地面につかないように軽く上げ下げしましょう。骨盤は前傾しないように注意。

上半身を後ろに倒してキープ

イスに座って上半身を少し後ろに倒し、腹筋を使ってそのままキープします。お腹が辛くなったら元に戻してを繰り返します。

ストレッチポールでほぐしケア

テレビを見ながら家ではゴロゴロとストレッチポールでゆる〜くストレッチ。肩甲骨を中心に背中全体をほぐすと眠りにも入りやすくなります。

口輪筋（こうりんきん）エクササイズ

日中の移動時間も、口輪筋のエクササイズタイムに（→ P162）。マスクをつけていれば、唇を「う〜」と尖らせて口輪筋を鍛えられます！

太ももギュー

イスに背筋を伸ばして座り、両太ももの内側をくっつけるようにギューっと力を入れます。そのまま10秒キープすれば、内転筋を鍛えます（→ P163 参照）。

かかとの UP & DOWN

イスに座ったまま、両足のかかとを同時に上げて爪先立ちに。次にかかとを床に下ろします。ふくらはぎの筋肉を意識しながら、ゆっくりと10 〜 20 回行いましょう。

乾燥から肌を守る

大事なのは水分より保湿
日中の乾燥ケアも大切に

乾燥肌には水分補給と考えがちですが、大事なのは保湿です。化粧水やスチーム美顔器などで一時的に肌が潤ったように感じても、保湿が十分でなければ水分が蒸発してかえって乾燥がひどくなってしまうのです。

乾燥した状態が続くと角質が厚くなりゴワゴワした肌になることも。保湿成分入りの美容液などを使い、肌の潤いを守りましょう。

食事としては、ビタミンAやムチンをとることで肌に潤いを与えます。また、カルシウムは皮膚の保水成分が働きやすくなるため、おすすめです。

オイルやリキッドタイプのクレンジングは避けましょう

肌の保湿成分は加齢とともに減り、水分が蒸発して乾燥しやすくなります。若いうちから保湿をしっかりと行うことが重要です。

日中の乾燥は普段の保湿ケア不足のサイン。気づいたらすぐに保湿を。化粧水スプレーは水分蒸発を促すのでNGです。

また、オイルやリキッドタイプのクレンジングは肌への刺激が強く、乾燥を招くので注意をしてください。

エアコンが強い場所や冬は空気が乾燥し、肌も乾燥しやすくなります。こまめに保湿をしましょう。

日中の乾燥ケア

長時間乾燥した室内で過ごすと、肌から潤いが失われていきます。午前中、食後、夕方をめどにこまめな保湿で潤い肌を保ちましょう。

保湿パックで潤いを

シートパックは手軽に使えて便利利ですが、つけているうちに水分が蒸発してしまいます。クリーム状で、肌に塗ると固まるタイプなら水分蒸発を防ぎ、肌の奥まで潤いが届きます。メイクののりもアップ。

保湿美容液やクリームを塗る

ヒアルロン酸やセラミド配合のものを乾燥した部分につけましょう。軽く押さえるようにつければメイク崩れも防げます。

部屋の湿度を保つ

湿度が 40 ～ 50％になるよう、加湿器を使ったり、水の入ったコップを近くに置いたりしましょう。睡眠時も同様にして乾燥対策を。

入浴

湯船につかると血行がよくなり心身ともにリラックス

入浴の際、湯船につかると、筋肉がほぐれてリラクゼーション作用が生まれます。入浴はストレスを解消する効果もあり、心地よい眠りへと誘います。

また、血行が促され、老廃物の排出も促進され、血液によって栄養も身体のすみずみに運ばれるため、アンチエイジングに効果的です。美肌には38℃くらいのお湯に10～20分ほど浸かるのがおすすめです。

半身浴でアンチエイジング

下半身を中心に全身の血流をよくする半身浴は、心臓への負担が少ないわりに、温め効果が高いのでおすすめです。身体の免疫機能も高まります。

38～40℃くらいのお湯を浴槽の3分の1くらいまで張り、みぞおちまで浸かって15～20分くらい入浴します。湯船に岩塩や日本酒を加えてもOKです。

ただし、半身浴は体内の血液が循環して体に負担がかかるため、寒い冬は浴室を温めて、タオルを肩にかけて行いましょう。体調が悪い時や生理中は避けましょう。

入浴のコツ

間違った入浴法は肌の乾燥やダメージの元になってしまいます。肌に優しい入浴法で角層内部の潤い成分の流出を防ぎましょう。

せっけんで肌にやさしく

液体のボディソープは界面活性剤を含むものも多く、肌への刺激大。ポンプから大量に出るため使いすぎてしまい、乾燥を招くことも。シンプルなせっけんで洗い、入浴後に保湿クリームを塗る方が肌にやさしくオススメです。

身体の洗い方ポイント

基本はお湯で身体についたホコリを洗い流し、皮脂が多い部分のみをせっけんで洗えばOK。基本をベースに、肌の状態や季節、年齢に応じて調整を。乾燥肌の人は肌の様子を見ながらせっけんで洗う回数をさらに減らしましょう。

長時間の入浴はNG

長時間お風呂に入って汗を流しても、美容や痩身効果はありません。かえって肌の潤い成分を流出させたり、汗をかきやすい体質になったりして肌トラブルが起こることも。入浴時間は10～20分程度にしましょう。

睡眠

質のいい睡眠は、肌や身体の修復を促して若々しい身体に

起きている間、血液は脳内に集中していますが、眠りにつくと体内のすみずみに行き渡り、肌や筋肉にも栄養が届くようになります。

睡眠は身体の細胞を修復し、老化を遅らせるので、とても大切です。細胞を修復する成長ホルモンは、眠りはじめてから3時間ぐらいの間に、最も分泌が盛んになります。修復には6時間ほどかかるので、睡眠時間は6時間以上とるといいでしょう。

日本の伝統的な食事で神経を鎮める工夫を

睡眠は疲労回復や細胞損傷の修復、免疫物質の分泌に重要な役割を果たしています。糖質が不足すると、自律神経の活動バランスが崩れて不眠症の原因になるので注意。

日本の伝統的な食事である納豆や干物、アサリのみそ汁などには不眠を解消するビタミンB_{12}・B_1がたっぷりと含まれています。

また、精神を安定させたり、催眠効果のあるトリプトファンは、牛乳や豆乳、チーズなど身近なものでとれます。

快眠のコツ

なかなか寝つけない人は、眠る環境を整えて、質のよい眠りを手に入れましょう。

寝る１時間前までに入浴する

布団に入る１時間前までに入浴を。38℃くらいのぬるめのお湯に10～20分くらい浸かると、入浴後に身体の熱が放出され、自然に眠たくなります。

就寝・起床は同じ時間に

日によって眠りにつく時間が変わると、成長ホルモンがスムーズに分泌されず、肌や健康に悪影響を及ぼします。平日・休日ともに就寝・起床時間はできるだけ一定に保ち、ずれても１時間以内におさめましょう。

手づくり快眠枕

高い枕は首のシワを作り、呼吸を妨げて睡眠の質を下げます。低い枕は血液やリンパの流れが悪化し、顔のむくみに。自分に合う枕で眠りましょう。

①マットを三つ折りにし、その上にじゃばら折りしたバスタオルを重ねる。

②横向きに寝て、鼻・あごを通る身体の中心線が床と平行になればOK。調節はミニタオルで。

ストレスフリー

ストレスは女性機能にも悪影響なので早めに対処を！

オーバーワークや不摂生な生活などでストレスがたまると、心身に加えて肌や女性機能などにも影響が出ます。例えば、肌トラブル。活性酵素の発生や免疫力と代謝の低下でニキビやくすみ、シミができやすく治りにくい状態になります。また、月経トラブルにもつながります。ストレスは早めの解消がカギ。規則正しい生活、適度な運動、バランスのよい食生活を心がけ、こまめに解消しましょう。

規則正しい生活とカルシウム摂取を心がける

現在のようなストレス社会から自分を守るためには、ストレスをはね返す健康な心身を作ることが大切です。

それには、1日3回の規則正しい食事と栄養バランスが欠かせません。漬け物、梅干し、味噌汁などの鎮静効果の高いものや、酒やコーヒーなどのストレス解消になるものを適度にとることも必要です。

また、カルシウムが不足すると、神経の興奮が高まり、イライラや不安が強まるので、牛乳や小魚などで十分にとりましょう。

すぐできるストレス解消法

ストレスを感じたら、その場でできるケアで解消しましょう。とくに瞑想は脳が休まり、思考もクリアになるためおすすめです。

腕や顔にやさしくふれる

腕や顔をゆっくりやさしくさすると、ストレスホルモンが低下し免疫力アップ。香りのいいオイルやクリームをつけるとさらに効果的。

呼吸でストレスケア

腹式呼吸をすると副交感神経が優位になり、心と身体がリラックスモードに。代謝アップで美肌や冷え改善、脂肪燃焼効果も。

①お腹をふくらませながら、5秒かけて鼻から吸います。
②吸い切った状態で1秒停止。
③お腹をへこませながら、10秒かけて口から息を吐き切ります。

アンチエイジングに効く瞑想

瞑想は老化を促すストレスホルモンを抑え、若返りホルモン（DHEA）や自然治癒力を高めます。脳が休まり、思考もクリアになります。

①背筋をのばして座り、全身の力を抜いてリラックスします。
②腹式呼吸をし、目を閉じて呼吸に意識を集中させる。何かを考えても、それに気づくだけで深追いはせず、呼吸を続けます。15分を1日2回、毎日行えると効果的。

不調に敏感になる

自分の身体を客観視することで、症状が悪化するのを防ぐ

自分の身体に触れると、意外と気づかないコンディションがわかります。

実際に手で触れてみると、不調を客観視できるので、症状が悪化する前に改善できます。

不調時のケアをプロにまかせるのは間違いではありませんが、日ごろから自分の心身の状況を自分で知っておくことが大切です。自分の心身の状態を把握できていれば、いざという時にプロの力を借りた場合も、的確なケアができます。

感情をため込まず、素直に出すと自分らしさが取り戻せる

仕事や対人関係など、周りの期待に応えようと無理にガマンを続けると、自分の感情にブレーキがかかり、無気力状態を招くおそれも。過度のストレスは、女性ホルモンであるエストロゲンの抑制にもつながります。自分が感じた怒りや悲しみを無理に押さえ込まず、素直に出すようにしましょう。

ノートに向かって書き出すことで心の整理ができ、落ち着きや前向きな気持ちを取り戻すことができます。

身体が発するサインに気づこう

日々の体調や気持ちの変化を日記や手帳に記すことがおすすめ。サインに気付くようになれば、症状が重くなるのを防げます。

体調日記をつける

変化を記録することで「過去・現在・未来」の自分の健康を考えられます。また、診察の際に、医師に正しく病状を話せます。

体温

身体のバイオリズムがわかる。基礎体温を記しておくことがベスト。

体調

100点満点で何点かを記す。自分なりの基準でOK。心の状態も書いておくとよい。

排便の有無

便秘の定義はないが、毎日排便しているか記録しておきたい。状態も記す。

服用した薬

どんなタイミングで薬を飲んでいるのかがわかる。サプリメントも記す。

頭痛の有無

特定のタイミングや周期で頭痛を発症する人は、記すことで発症の傾向がわかり、予防できるようになる。

睡眠の状態

「寝つきがよいか」「途中で目が覚めたか」「熟睡感はあるか」「朝早くに起きてしまっていないか」などを記す。

生理の有無

定期的に生理が訪れるかどうかは、身体の状態を知るために重要な要素。頭痛などの不調の原因は生理（ホルモンバランスの乱れ）によるところも多い。

会社でのランチ
今日のランチ〜♪
パシャッ
私も〜♪
パシャッ
ふたりともよく続くねー
エライかわいい〜
あっ
この前会ったテニスの彼どうなった？
今夜デートです♥
うふふ
えーすごーい
そういうあゆみさんは久々の彼との食事どうだった？
別れました…
えっ…
いい感じだったのに!?

お互い久々に会って違うなって実感して
でも…
体を鍛えたことで自信がついたっていうかひとりになってもやり直せばいいって
今、自分史上最高にキレイだし!!
強くなったね
かっこいいあゆみさん…
泣ける…
キィ
業務部
うんうんー
話は聞かせてもらったわ
強く美しくそれでこそ美女ヂカラよ
明美さん…
さぁ今日もみんなでとろふわ筋トレ

[監修] 玉置達彦（たまき たつひこ）

パーソナルトレーナー。STELLA GYM代表。東京都内とオンラインで活動中。クライアントの目的と身体の動きに合わせたパーソナルトレーニングを提供し、自分史上最高の身体を手に入れるお手伝いをしている。苦痛になりがちな筋トレが楽しんでできるようなメソッドが評判。フリーアナウンサーの田中みな実さんや押切もえさんなど著名人の顧客も多数。雑誌やイベント、TVなど活躍の幅を広げている。Twitter、Instagram、YouTube、Facebookで情報発信中。

[参考文献]

弱った体がよみがえる人体力学（高橋書店）／モデルが秘密にしたがる体幹リセットダイエット究極の部分やせ（サンマーク出版）／疲れた体がよみがえるリセット7秒ストレッチ（高橋書店）／最強の5分間「肩甲骨」ダイエット（光文社）／ストレッチ・メソッド 5つのコツでもっと伸びる体が変わる（高橋書店）／ヘタ筋トレ 失敗しようがない！（ワニブックス）／最強ずぼら女子が成功した唯一のダイエット（KADOKAWA）／はじめてのやせ筋トレ（KADOKAWA）など

監修　玉置達彦
イラスト　ねこまき（にゃんとまた旅）
装丁デザイン　宮下ヨシヲ（サイフォン グラフィカ）
本文デザイン・DTP　渡辺靖子（リベラル社）
編集協力　宇野真梨子・河合ひろみ・藤岡あかね
編集人　伊藤光恵（リベラル社）
営業　青木ちはる（リベラル社）

編集部　堀友香・山田吉之・安田卓馬
営業部　津村卓・津田滋春・廣田修・澤順二・大野勝司・竹本健志
制作・営業コーディネーター　仲野進

とろふわ筋トレ 美女ヂカラ

2020年 5月30日　初版
2020年10月31日　再版

編　集　リベラル社
発行者　隅田 直樹
発行所　株式会社 リベラル社
〒460-0008　名古屋市中区栄3-7-9　新鏡栄ビル8F
TEL 052-261-9101　FAX 052-261-9134　http://liberalsya.com
発　売　株式会社 星雲社（共同出版社・流通責任出版社）
〒112-0005 東京都文京区水道1-3-30
TEL 03-3868-3275

 ISBN978-4-434-27399-5

心とカラダが若返る！
美女ヂカラ
B6判／192 ページ／定価 1,100 円＋税

心とカラダが若返る！
美女ヂカラ プレミアム
B6判／192 ページ／定価 1,100 円＋税

心とカラダが若返る！
美女ヂカラ エクセレント
B6判／192 ページ／定価 1,100 円＋税

不調を根こそぎ解消！
ゆがみトリ
文庫判／192 ページ／定価 800 円＋税